KB065215

진행자용
매뉴얼

학 부 모 프 로 젝 트

행복한 학부모를 위한
마음공부

| 한마음과학원 저 |

학지사

인사말

　국가차원에서 「인성교육진흥법」이 마련될 정도로 우리 청소년들은 많이 힘들어하고 아파하고 있습니다. 우리 자녀들은 학교에서의 왕따, 폭력, 학업부진으로 인한 우울증과 소외감, 자신감 결여 등으로 인하여 힘겹게 살아가고 있습니다. 그러나 학생들의 문제는 학생들만의 힘으로 해결될 수 없습니다. 가정의 환경이나 학부모의 마음이 변하지 않으면 자녀들의 마음이나 행동의 변화를 불러일으키기 힘듭니다. 그래서 포교연구실에서는 학부모 프로그램의 필요성을 절감하고 한마음과학원에 의뢰하여 이렇게 학부모프로젝트 매뉴얼과 워크북을 발간하게 되었습니다. 제방에서 많이 활용해 주시면 감사하겠습니다.

　왜 자라나는 자녀들이나 청소년들이 아파하고 갈등하며 멍들어 가고 있을까요? 왜 그들은 마음의 문을 닫고 대화를 거절할까요? 학부모가 조금만 관심을 기울이고 그들의 눈높이에서 생각하고 바라봐 줄 때 그들은 마음의 문을 열게 될 것입니다. 학부모는 자신들만의 잣대에 맞추어 자녀들을 바라보고 재단하기 때문에 부모와 자식 간에 갈등이 일고, 부모는 부모대로 아이들은 아이들대로 아파하고 괴로워합니다. 이 프로그램에서 강조하고 있는 것은 자신의 끓어오르는 분노와 화를 멈추는 것과 고정관념을 버리는 것입니다. 그리고 마음을 굴려 놓고 전환하여 내면의 힘을 키우는 데 있습니다.

　많은 학부모는 이 교육 프로그램에 참가하여 자신을 변화시킨 결과 가정이 화목해지고 마음공부 또한 잘해 나가 자신의 내면을 풍성하게 살찌우고 자녀들도 평화로운 마음을 얻게 되었습니다. 이 프로그램이 사찰뿐만 아니라 가정에서도 활용되어 우리 불자들부터 화목한 가정을 이루는 것은 물론 자라나는 자녀들이 행복한 삶을 살았으면 좋겠습니다. 그래서 우리 자녀들이 커 가면서 청년이 되고 성인이 되었을 때 아름다운 청년, 자비롭고 온화하며 지혜로운 부모이자 사회인으로 훌쩍 성장해 있기를 바랍니다.

　이 학부모 프로그램을 잘 활용할 수 있도록 매뉴얼에 PPT자료도 제공했으며, 이를 학지사 홈페이지(http://www.hakjisa.co.kr)에서 다운받아 편리하게 활용할 수 있을 것입니다.

　프로그램을 개발해 주신 한마음과학원 담당 스님, 연구실장과 프로그램개발팀 연구자분들에게 감사드리며 학부모들이 이 프로그램을 통해 마음공부를 익혀 행복한 삶을 누릴 수 있기를 기원합니다.

불기 2560년 1월
대한불교조계종 포교원 포교연구실장 법상

책을 내면서

이 책은 5년여의 시간을 거쳐 완성되었습니다. 처음에는 청소년기의 자녀를 둔 학부모들이 자녀의 심성을 계발시켜 보자는 취지로 모임을 갖게 되었습니다. 그런데 2년 정도 프로그램을 탐색하는 과정에서 모임의 성격이 자연스럽게 부모교육으로 변하게 되었지요. 아이들의 인성문제를 논의하다 보니 가장 큰 영향을 미치는 것이 당사자인 우리 부모였고, 학부모의 역할에 대한 성찰이 우선되어야 함을 절실히 느끼게 되었던 것입니다. 그래서 청소년기의 자녀를 둔 학부모들의 고민을 함께 나누고 서로 배움을 줄 수 있는 프로그램은 없을까 고심한 끝에 학부모프로젝트를 만들게 되었습니다.

학부모가 된다는 것은 부모이기에 기꺼이 맞이해야 하는 역할입니다. 그러나 아름다운 청춘의 어느 날 한 생명의 보호자가 되었을 때 성숙한 부모의 역할이 무엇인지 안다는 것은 참으로 어려운 일이지요. 청소년기의 자녀에게 부모의 역할이 중요하지만, 특별한 준비 없이 부모가 되어 버린 대부분의 학부모는 참으로 막막할 수밖에 없을 것입니다.

그래서 삶의 여정을 함께할 동반자로서 자녀를 대하는 것이 아니라 자신의 연장선상에서 자녀를 바라보기가 쉽습니다. 자기가 생각하는 대로 잘 먹이고 입히고 남들과 경쟁하여 뒤처지지 않는 자녀를 만들기 위해 이리저리 교육정보를 탐색하기도 하고 자녀를 다그치기도 하면서 힘들게 그 시기를 보내게 되는 경우가 많습니다. 그나마 자녀가 어릴 때는 잘 따라 주겠지요. 그러나 학교에 가고 자신의 주체성을 찾기 시작하면서부터는 건건이 갈등을 겪게 됩니다. 그것은 어떻게 보면 당연한 일입니다. 자녀도 성장의 과정이고 부모도 학부모의 역할을 배워 가는 시기이니까요. 똑같이 배움의 시기라 하여도 부모는 부모이기에 한발 앞서 자신의 역할을 보다 성숙하게 해낼 수 있는 방법을 모색해야 할 것입니다.

시대가 많이 바뀌었다고 하지만 여전히 우리 사회에서 부모라는 존재는 자식을 위해서는 무엇이든지 할 각오가 되어 있고 정성을 다하는 마음을 가지고 있습니다. 학부모프로젝트에 참여한 젊은 세대의 부모들만 보더라도 자녀에 대한 정성과 고민과 아픔은 이전 세대와 다를 바 없음을 확인하게 됩니다. 오히려 무조건적인 희생이 아니라 좀 더 합리적이고 자주적으로 자녀와의 관계를 만들어 나가고자 하는 긍정적인 면을 발견하기도 합니다. 이러한 분들은 자신이 지금 무엇을 위해 어떻게 행동하고 있는가를 자각하려고 하며, 학부모로서의 역할뿐만 아니라 자신의 삶의 질도 높이고자 하는 열망을 가지고 있습니다. 정말로 자녀와 자신 모두에게 좋은 교육이 무엇인지 알고자 합니다.

우리는 그러한 학부모들의 열정을 피워 내는 것이 중요하다고 보았습니다. 그래서 실생활에서 자녀와 매일 대면하는 장면들을 소재로 하여, 학부모의 역할과 자신의 삶의 질을 동시에 발전시켜 나가는 것을 프로그램의 목표로 정하였습니다. 우선, 자녀교육에 온갖 노력을 다하는 학부모들 각자의 내면에 자신을 이끌어 가는 힘이 있음을 자각하도록 합니다. 그리고 그 에너지를 믿고 활용함으로써 자녀와의 문제를 해결해 가며, 동시에 그러한 실천이 자신의 삶을 진화시켜 나가는 경험이 되게합니다. 자신의 내면에 있는 에너지, 잠재력의 이름을 무어라 부르든 그것은 진정한 자신을 의미합니다. 스스로 갖추어진 그 힘을 끌어 쓰는 것이야말로 진정한 자기계발이면서 동시에 훌륭한 자녀교육이 아닐까 합니다.

이 책에는 시행착오를 겪으며 그러한 자기계발과 자녀교육을 동시에 해 나갔던 학부모들의 실천사례가 고스란히 담겨 있습니다. 자기 자신을 되돌아보고, 자신의 상처를 치유하고, 가족에 대해 알게 모르게 쌓인 감정을 청소하면서 새로운 눈으로 자녀를 대하며, 매회 달라지는 변화의 과정을 확인할 수 있습니다. 이 책이 나오기까지 마음을 다해 함께하신 개발팀원들과 실천사례를 풍요롭게 담을 수 있도록 해주신 학부모프로젝트 수료자 분들께 감사드리며, 교육에 참여하셨던 분의 소감 일부를 함께 나누려고 합니다.

내가 엄마가 되어 보지 못했다면, 성장하는 아이의 조력자가 되어야 하는 학부모의 시기를 거치지 않았다면, 마치 태풍이 바닷물을 흔들어 바닷속 깊은 곳의 생명을 살리듯 누가 나의 단단한 관념과 의식을 내려놓게 할 수 있었을까? 내가 엄마가 되기 전, '엄마는 나를 사랑하지 않았었다.'는 기억으로 서러워하고 아파했었지. 학부모프로젝트를 마치는 지금, 나의 엄마도 한 여자로서의 삶을 살면서 많이 힘들었고 지쳐 있었음을 이해하게 되었다. 사랑받고 싶었던 소녀의 감성에서 벗어나 감사의 마음으로 엄마를 안아 드릴 수 있다는 것이, 이제는 성숙하고 한결 넓어진 마음으로 사랑을 주는 아이의 엄마로 성장해 가는 스스로를 보게 된다는 것이 얼마나 뿌듯한가? 내가 밝아지는 만큼 가정이 밝아진다는 말이 거짓이 아님을 느끼며, 많은 학부모가 이 프로젝트에 참여하여 스스로를 밝게 맑게 향기롭게 가꾸어 가기를 바란다.

아무쪼록 이 프로그램에 참여하시는 학부모들과 그들의 자녀 모두가 행복하게 되어 아름다운 사회, 밝은 에너지가 넘치는 사회가 되기를 발원합니다.

2016년 1월
한마음과학원 '학부모프로젝트' 개발팀 합장

차 례

제**1**부

'학부모프로젝트' 프로그램

프로그램 개발 배경

1. 시대적 요구, 학부모 교육

우리 사회는 그동안 가정 및 학교 현장에서 과도한 입시 위주의 교육에 치우쳐 왔다. 그리고 일각에서 우려하던 인성교육 부재로 인한 문제가 사회 곳곳에서 드러나고 있다. 이에 정부에서도 국가적 차원에서 「인성교육진흥법」을 제정하기에 이르렀다.

2. 학부모의 성장 필요

자녀의 성장에 영향을 미치는 요인 중 가정에서의 교육이 절반 이상을 차지한다고 한다. 따라서 가정의 교육을 책임지는 부모의 인성이 먼저 점검되고 성찰되어야 한다. 그리고 청소년기를 거치면서 성장하는 자녀와 더불어 부모 역시 성숙해지는 노력이 필요하다.

3. 지혜로운 소통방법 필요

가정교육의 기본은 소통이다. 특히 자녀가 청소년기일 때 부모와 자녀와의 관계에서의 소통은 매우 중요하다. 그런데 우리가 소통의 방법으로 자주 쓰는 말과 행동은 본의 아니게 오해를 일으킬 수도 있다. 따라서 서로 걸림 없이 소통할 수 있는 방법에 대한 점검이 필요하다.

4. 지속 가능한 실천교육의 필요

자녀교육 방법이 이론에만 의지하게 되면 실질적인 도움을 주기 어렵다. 학부모교육의 주체인 부모의 인격적 성숙에 기반하여야 자녀교육이 지속성을 가질 수 있다. 따라서 부모의 자신에 대한 성찰과 실생활에서 자녀와 더불어 성장해 갈 수 있는 구체적인 방법 제시가 필요하다.

프로그램의 목적

1. 학부모의 중심 잡기

가정교육의 주체인 학부모는 다양한 교육환경에 대처할 수 있는 중심이 있어야 한다. 미디어의 발달로 정보의 홍수 속에 살고 있는 요즈음, 학부모들이 관심 갖는 자녀교육에 대한 정보 또한 넘쳐 나고 있다. 그로 인한 조기교육에 대한 압박, 다른 부모들과의 비교, 그리고 빠르게 변하는 사회와 교육환경 속에서 학부모는 갈등하게 된다. 따라서 주변에 휩쓸리지 않고 부모가 중심을 잡는 일은 매우 중요하다.

2. 마음의 소통능력 기르기

자녀와의 원만한 관계를 위해서는 학부모 자신의 소통의 힘을 길러야 한다. 그러나 이러한 힘은 대화의 표현 기법이나 기술을 익히는 것으로는 한계가 있다. 상황에 따라 유연하게 반응하기 위해서는 자신의 내면에 갖추고 있는 지혜를 자각하고 그를 기반으로 경청·배려 등의 마음의 소통능력을 계발해야 한다.

3. 다스림의 능력 기르기

학부모는 자신을 다스릴 줄 아는 능력을 향상시켜야 한다. 부모의 이러한 능력은 자녀가 학교생활에서 학습, 친구 등의 관계를 스스로 조절해 가려고 할 때 좋은 영향을 미친다. 부모가 자신을 잘 다스리며 조화롭게 살아가는 모습 자체가 자녀교육임을 알고 다스림의 능력을 길러야 한다.

프로그램 목표

1. 마음 다스림의 기초 익히기

마음 다스리는 방법을 이해하고, 7주간의 실천을 통해 내면의 힘을 기른다.

2. 자가치유의 경험과 지혜력 증장

자가치유의 경험을 바탕으로 자녀와의 관계를 원만하게 풀어 가는 지혜력을 기른다.

3. 자녀 및 가족과의 소통능력 향상

자신의 고정관념을 내려놓고, 가족과 소통하는 능력을 기른다. 또한 팀원들과 경험의 공유를 통해 가족과의 소통에 대한 다양한 간접경험을 얻는다.

4. 생활 속 실천

생활 속에서 마음을 다스리며, 이해와 수용의 겸허한 자세로 자비롭고 지혜롭게 풀어 가는 실천을 꾸준히 한다.

프로그램 대상의 이해

1. 대 상

본 프로그램은 기본적으로는 청소년기 자녀를 둔 부모를 대상으로 하나 예비학부모, 영유아 또는 성인 자녀를 둔 부모까지 모두 교육대상에 포함한다. 이들 모두는 자녀라는 공통요소가 있어 공감대 형성이 쉬우며, 학부모역할의 선후배가 되므로 학부모로서 겪었던 실패와 성공에서 오는 풍부한 경험 공유와 조언 등을 통해 실질적인 도움을 주고받을 수 있다.

2. 학부모의 심리

본 프로그램은 학부모를 대상으로 하는 마음공부프로그램이다. 따라서 다음과 같은 학부모의 심리상태에 대한 이해를 바탕으로 하여 프로그램을 구성하였다.

• 내적 정체성의 갈등을 겪는다: 자신의 정체성을 형성해 나가는 시기의 자녀와 부딪치면서 부모 또한 정체성에 대한 갈등을 겪는다. 지금까지 무조건적인 보살핌으로 충분했던 부모의 역할에서 청소년기의 부모는 학부모로서 자신의 역할을 재조정하여야 한다.

• 자녀가 처한 환경에 대한 대응능력이 요구된다: 자녀가 부모의 품을 떠나 학교와 학원 등, 부모의 직접적인 눈길이 닿지 않는 환경으로 이동하게 되면서 부모는 친구, 이성 등에 대한 자녀를 향한 적절한 관심과 대처, 도움주기의 강약 조절이 어려워진다. 또한 왕따나 폭력에 노출되고 학습능력, 진로문제 등에 직면해 있는 자녀를 어떻게 지도하고 도와주어야 하는지에 대한 방법을 잘 몰라 답답해한다.

• 자기조절의 어려움을 느낀다: 결혼 이후부터 자녀가 청소년기에 이르기까지 배우자로서, 부모로서 미처 재정립하지 못한 자신의 정체성의 문제, 그리고 결혼 이후 달라진 배우자 및 원 가족들과의 관계에서 축적된 스트레스, 답답함, 우울함, 분노와 같은 부정적 감정이 억압되어 있는 경우가 많다.

- 자기발전 욕구가 충분하다: 학부모로서 가정에서의 역할 변화로 인한 혼란을 극복하려는 성장욕구가 충분한 시기다. 따라서 학부모 자신의 여러 가지 역할에 대한 이해가 정립되고 조절될 경우에는 성숙한 부모로서 자녀와 가족 등 주변 인연에게 긍정적인 도움을 줄 수 있다.

프로그램 특성

　일상의 일들을 소재로 재미있으면서도 깊이 있는 내용으로 구성하여 생활에서 지속 가능한 교육경험이 되도록 하였다. 그리고 자기 자신을 성찰하고 진화시키는 내용을 중요하게 다루되, 학부모로서의 역할에 대한 내용과 균형을 이루도록 하였다.

- 경험중심 교육: 수업의 내용이 자녀와의 관계에서 겪는 갈등을 소재로 하므로 교육생의 적극적 참여를 유도할 수 있다. 또한 새로 알게 된 것을 생활에 바로 적용할 수 있어 경험적으로 자신의 변화를 확인할 수 있다.

- 학부모 성장교육: 자녀와의 소통 및 자녀교육, 학부모로서의 역할 정립, 배우자와 주변 가족과의 관계 등 학부모역할에 영향을 미치는 내용을 고루 다룬다. 이를 통해 스스로를 성찰하고 성숙한 부모로 성장하는 기회를 제공한다.

- 습관형성 교육: 일회성 이론교육이 아닌 생활 속 실천교육이다. 이를 위해 교육기간 동안 마음다스림의 방법을 익힐 수 있도록 한다. 또한 서로의 경험을 공유하는 팀활동은 지속적인 실천동기가 되어 마음다스림의 습관화를 돕는다.

- 따뜻하고 편안한 분위기: 진행자와 도우미를 현재 학부모인 사람들로 구성하여 교육생과 함께 배우고 발전하는 교육공간을 제공한다.

프로그램 기본구조

1. 차시별 주제

학부모 역할은 삶을 살아가면서 맡게 되는 역할 중 하나다. 그러므로 그 역할을 수행하는 자신에 대한 이해가 우선되어야 한다. 자녀 또한 학생이기 이전에 한 인간이며, 주어지는 상황과 조건이 다를 뿐 그들도 같은 고민을 하며 살아간다. 따라서 본 프로그램에서는 학부모와 자녀를 교육주체와 교육대상으로 나누지 않고 서로 공통으로 겪는 삶의 고민을 뽑아 각 차시 주제로 정하였다. 그리고 스스로 갖추고 있는 잠재력을 자각하고, 이를 바탕으로 꾸준히 내면의 힘을 기르면서 자녀와의 관계에 적용해 가는 방식으로 심화해 나간다. 이를 통해 가족구성원들의 서로를 배려하는 마음과 행복감이 자연스럽게 증대되도록 한다.

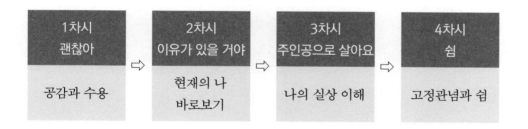

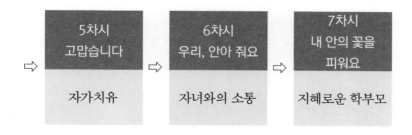

2. 운 영

1) 학부모프로젝트 프로그램은 매 차시 120분을 기본 진행시간으로 하며 총 7차시분의 내용으로 구성되었다. 그러나 교육 실시 기관의 성격에 따라 대상의 참여도나 반응이 다를 수 있으므로, 미리 교육생의 요구와 조건을 잘 파악하여 교육 횟수나 활동내용을 조절하여 진행한다.

2) 각 차시 수업은 기본적으로 팀활동을 중심으로 진행한다. 본 프로젝트는 실천을 통한 자기경험과 마음다스림의 습관 형성을 특징으로 한다. 이때에 팀활동은 실천경험을 공유하고 서로에게 배울 수 있는 중요한 수업방법이며, 마음공부에 대한 지속적인 동기부여가 될 수 있다.
   • 팀 편성은 수업진행 전에 완료한다.
   • 같은 또래의 자녀를 둔 참여자들로 팀을 구성할 경우, 서로 공감하는 내용이 많아 토론할 때 활발한 분위기를 만들 수 있다.
   • 당일 추첨을 통해 팀을 구성할 경우, 경험자의 폭이 넓어 다양한 반응과 조언을 주고받을 수 있다.

프로그램 차시 구성

차시/명	차시 목표	주요 내용
1차시 괜찮아	▶ 학부모 역할에 대한 서로의 고민을 경청하고 공감하면서 이를 풀어 나갈 프로그램의 주요 흐름을 이해한다.	• 마음을 열어요 • 괜찮아 • 나에게, 자녀에게 • 마음으로 읽는 글 • 실천해 봐요
2차시 이유가 있을 거야	▶ 자녀의 학습과 진로에 관련하여 학부모역할을 어떻게 하고 있는지 살펴본다. ▶ 마음을 다스리는 방법 1에 대해 이해한다.	• 실천 나누기 • 이유가 있을 거야 • 마음을 다스리는 A1, A2 • 마음으로 읽는 글 • 실천해 봐요
3차시 주인공으로 살아요	▶ 나는 누구인가에 대해 탐색한다. ▶ 마음을 다스리는 방법 2에 대해 이해한다.	• 실천 나누기 • 주인공으로 살아요 • 마음을 다스리는 A3, A4 • 마음으로 읽는 글 • 실천해 봐요
4차시 쉼	▶ 나의 고정된 내면의식들을 자각하고 굴려 놓는다.	• 실천 나누기 • 쉼 • 마음으로 읽는 글 • 실천해 봐요
5차시 고맙습니다	▶ 부모와의 관계에서 입력된 의식들을 자각하고 굴려 놓는다.	• 실천 나누기 • 고맙습니다 • 마음으로 읽는 글 • 실천해 봐요
6차시 우리, 안아 줘요	▶ 내 마음 안에 통신처가 있음을 안다. ▶ 자녀와 지혜롭게 소통하는 방법을 탐색한다.	• 실천 나누기 • 우리, 안아 줘요 • 마음으로 읽는 글 • 실천해 봐요
7차시 내 안의 꽃을 피워요	▶ 자신의 실천경험을 돌아보고, 앞으로 지혜로운 학부모의 길을 어떻게 걸어갈지 생각한다.	• 실천 나누기 • 내 안의 꽃을 피워요 • 마음으로 읽는 글 • 감사합니다

프로그램 핵심용어

주인공(主人空)

본 프로그램에서 사용하는 주인공이라는 '용어'는 불성과 마음 내는 것과 마음을 내서 몸이 움직이는 이 세 가지가 한데 합쳐져서 돌아가며 행하고 살아 나가는 자체를 말합니다.

주인공이라고 할 때의 주(主)는 움직이지 않으면서 에너지만 배출하는 생명의 근본자리, 불성을 뜻하고, 인(人)은 사람을 말합니다. 공(空)은 그 사람이 고정관념도 고정된 행위도, 고정되게 듣는 것도 고정되게 보는 것도, 고정되게 가고 옴도 없다는 것을 나타내는 말입니다. 다시 말하면, 주인공의 주인은 에너지요 공은 고정된 게 하나도 없이 찰나 찰나 화해서 돌아가는 우리들의 생활을 말하는 것이니, 주인공은 우리가 다 가지고 있는 것이고, 우리 자체라고도 할 수 있습니다.

예를 들어, 우리는 목이 마르면 물을 먹게 되어 있습니다. 어떠한 생각을 일부러 내는 것이 아니라 목마르면 자연스럽게 컵을 들게 됩니다. 그렇듯이 그대로 생각이 나고, 생각이 나면 그대로 행하게 되어 있는데, 그대로 생각나는 그것이 무심(無心)이며 그 마음은 자신의 개별적인 데서 나오는 게 아니라 모든 생명을 포괄하는 전체적인 근본자리에서 나옵니다. 그러기 때문에 그 힘은 무궁무진하고 불가(佛家)에서는 이를 일러 '불성, 참나, 본래면목, 주장자, 주인공.'이라고 부릅니다.

이 프로그램은 현대인들이 알기 쉬우면서도 불성이란 에너지의 작용을 분명하고도 정확하게 드러내고자 주인공이라는 용어를 썼습니다. 우주 전체의 근본인 불성이 각각의 개인에게 주인으로 내재되어 있고, 그 작용이 고정되지 않으면서도 너무 빨리 돌아가기 때문에 공(空)하다는 것을 나타내고자 한 것입니다. 예를 들어, 비행기 프로펠러가 돌아가며 비행기를 날게 하지만 정작 프로펠러의 고정된 모습은 너무 빨리 돌아가기 때문에 볼 수 없습니다. 또 우리가 아버지라는 고정된 역할만 하

는 것이 아니라, 아내에게는 남편이 되고, 부모에게는 아들이 되며, 형에게는 동생
이 되는 등 한 사람이 여러 이름을 갖고 여러 역할을 고정되지 않게 해 나가니, 그중
어떤 이름과 역할을 딱 집어서 '이것이 나다.'라고 할 수 없는 경우와도 같습니다. 그
래서 주인공의 공 자(宇)를 빌 공(空) 자를 써서 꽉 차서 오히려 비어 있다는 의미를
표현한 것입니다.

　주인공은 바로 우리의 참 마음입니다. 우리의 참 마음은 전체가 돌아가는 원동력
이며 내놓을 수가 없기에 무한의 진리요, 무한의 능력입니다. 그러하기 때문에 내가
그 원동력에 고하는 것이고, 믿는 것이며, 감사하는 것입니다. 이 프로젝트는 이렇
게 각자 갖추고 있는 무한한 힘을 활달하게 굴려 써서 학부모 역할을 지혜롭게 해
나가면서 내면의 능력을 기르는 데 목적을 두고 있습니다.

제2부

세부 프로그램

괜찮아

이번 차시의 주제는 '**공감과 수용**'입니다. 그동안 학부모 역할을 하면서 힘들었던 일들을 마음껏 꺼낼 수 있도록 진행하는 것이 핵심 포인트입니다. 대부분의 부모님들은 학부모 역할이 갈수록 어렵다고 하고, 뭔가 해야만 한다는 내적 압박감으로 마음이 편치 않을 때가 많습니다. 이러한 이야기를 서로 들어주고 공감하면서 참여자들은 자연스럽게 자신의 내면을 들여다보게 되고 위로받게 됩니다.

진행목표

• 학부모 역할에 대한 서로의 고민을 경청하고 공감하면서 이를 풀어 나갈 프로그램의 주요 흐름을 이해한다.

진행흐름

흐름	활동	시간(120')	준비
마음을 열어요	• 스킨십 놀이 • 팀별 자기소개 및 팀명 짓기 • 전체 교육생 인사 나누기	35'	팀별 자기소개 문장이 들어 있는 뽑기 자료
괜찮아	• 학부모로서의 고민 • 공감과 수용	40'	워크북
나에게, 자녀에게	• 프로그램 소개	30'	ppt
마음으로 읽는 글	• 내 안에 숨겨진 보배 '마음'	10'	워크북
실천해 봐요	• 실천과제 안내	5'	ppt, 워크북

마음을 열어요

멘트 만나게 되어 반갑습니다. 저는 진행을 맡게 된 ○○○입니다. (진행자가 하고 싶은 멘트를 추가한다.) 앞으로 7주 동안 행복하고 즐거운 시간이 되었으면 합니다. 처음이라 조금 낯설겠지만 그 안에 담고 있는 마음들 – 학부모로서의 고민, 갈등, 내 앞에 닥치는 일들을 지혜롭게 헤쳐 나가고 싶은 열정 – 은 똑같을 것입니다. 지금부터 앉아 계신 분들과 함께 서로 인사를 나누면서 분위기를 편안하게 만들어 봅시다.

◉ 스킨십 놀이

1. 간단한 스킨십을 하면서 서로 얼굴을 익히는 동시에 자녀와 내가 닮은 이유를 생각해 볼 수 있는 활동이다. 진행자는 게임규칙을 설명한 다음, 진행자의 이야기를 잘 들으면서 게임을 하도록 안내한다.
2. 두 명이 짝을 지어 왼손을 마주 잡고 한 명은 팥, 다른 한 명은 콩이 된다.
3. 진행자가 들려주는 이야기 중에 '콩'이 나오면 콩인 사람이 상대의 손등을 쓰다듬어 준다. 팥이 나오면 반대로 한다.
4. 짝을 바꾸어 한 번 더 해 본다. 필요에 따라 다른 활동들을 추가하여 분위기를 즐겁고 편안하게 만든다.

진행자가 들려줄 이야기

　콩 심은 데 콩 나고 팥 심은 데 팥 난다는 속담이 있습니다. 말하나 마나 콩은 콩씨고, 팥은 팥씨니 콩나무에 팥이 열릴 리 없고, 팥나무에 콩이 열릴 리 없는 것이 당연한 이야기죠. 콩콩콩, 팥팥팥. 콩, 팥 속담은 자기가 한 대로 받는다는 인과의 이치를 말합니다. 즉, 내가 콩의 행을 하면 콩의 대가가 옵니다. 내가 팥의 행을 하면 팥의 대가가 옵니다. 내가 저지른 대로 에누리가 없습니다. 내가 콩나무냐? 팥나무냐? 내가 콩나무라면 내 자식도 콩, 콩일 것이 분명하고, 내가 팥나무라면 내 자식도 팥, 팥일 것이 분명하겠죠? 내가 콩나무인데 팥이 나올

리가 없죠. 그런데 우리가 이 마음공부를 하게 되면 콩나무에 콩이, 팥나무에 팥만 열리는 것이 아니라 콩나무에 팥이 열리고 팥나무에 콩이 열릴 수 있다는 얘기죠.

🎯 팀별 자기소개 및 팀명 짓기

자기소개 및 팀명 짓기 활동이다. 자기소개를 쉽게 할 수 있도록 몇 가지 소개문장을 만들어 통에 담아 놓고 한 장씩 뽑아 그 문장에 대한 자기 이야기를 한다. 한 사람당 두세 가지 뽑기를 하여 소개활동이 끝나면 팀명을 짓는다.

자기소개 문장의 예

■ 뽑기 용지에 각 문장을 하나씩 적는다. 팀 인원을 고려하여 준비한다.
  1. 배우자나 자녀가 멋지게 보였을 때는 언제였으며 그 이유는 무엇인가요?
  2. 자신의 이름에 대한 느낌과 그렇게 느끼는 이유를 말해 주세요.
  3. 팀원들에게 추천해 주고 싶은 여행지와 추천이유를 말해 주세요.
  4. 자녀에게 들은 말이나 행동 중 자신을 행복하게 했던 내용과 이유를 말해 주세요.
  5. 지금 자신이 생각하는 행복은 무엇이며 왜 그렇게 생각하나요?
  6. 최근 자신이 했던 행동, 말, 생각 중 나름 좋았다고 생각하는 것과 그 이유를 말해 주세요.
  7. 내가 제일 좋아하는 자연물(예: 나무, 산)과 그 이유를 말해 주세요.

🎯 전체 교육생 인사 나누기

전체 교육생 간의 인사를 나누는 활동이다. 각 팀별로 나와 팀명과 팀원소개를 한다.

괜찮아

멘트 이번 활동의 제목은 '괜찮아'입니다. 우리 각자가 스스로에게 그리고 서로에게 자주 자주 들려주기를 바라는 말이기도 합니다. 성인이 되어 결혼을 해서 자녀를 낳고 기르다보니 어느덧 학부모가 되어 있는 자신을 보면 때로는 한숨도 나오고 때로는 흐뭇하기도 하고 여러 감정이 교차하겠지요. 이 시간에는 학부모가 되어 지금에 이르기까지 겪은 다양한 경험과 고민, 갈등을 맘껏 쏟아 내고 들어 주면서 서로 위로해 주는 시간을 가질까 합니다.

◉ 학부모로서의 고민

학부모로서 겪고 있는 고민을 자녀마다 구분하여 워크북의 활동지에 적는다.

〈활동지 양식〉

자녀의 나이	학부모 역할의 어려움
예: 3세	• 성장단계에 따라 제대로 키우고 있는지 불안해서 확인하고 싶어요. • 남편이 육아문제를 강 건너 불구경하는 듯해서 너무 힘들고 야속해요.

멘트 그릇이 비어야 새로운 것을 담을 수 있듯이 지금 내 안에 가득 차 있는 고민과 생각들을 비워야 내가 원하는 새로운 것들을 담을 수 있습니다. 아무런 해결책이 없어 보여도 내 안의 이야기를 꺼내 놓을 수 있다는 것 자체가 이미 비워짐의 시작입니다. 옆에 앉아 계신 분들도 나와 모두 비슷한 고민을 하고 계실 겁니다. 그러니 편안하게 학부모 역할을 하면서 혼자 가슴에 쌓아 둔 이야기들을 시원하게 풀어내 봅시다.

◉ 공감과 수용

　각자 작성한 활동지를 가지고 팀원들과 공유하고 토론하는 활동이다. 자신의 고민을 이야기할 때 그에 대한 감정과 생각들을 충분히 드러내도록 격려한다. 팀활동이 끝나면 상황에 따라 전체 공유하는 시간을 갖는다.

나에게, 자녀에게

멘트　이야기를 나누며 공감하는 부분이 많이 있었나요? 대화를 하면서 답답한 마음이 어느 정도 풀린 것도 있을 것이고, 여전히 풀리지 않은 것도 있겠지요? 오늘 이야기를 하면서 자신이 무엇 때문에 고민하고 있는지 확실히 알았으니 이 프로그램을 하는 동안 하나씩 풀어 가는 시간으로 만들면 되지 않겠어요?

　학부모프로젝트에서는 그동안 프로그램을 진행해 온 결과를 가지고 자녀의 학년에 따라 달라지는 학부모의 어려움을 정리해 보았습니다. 그런데 내가 자녀에 대해 걱정하는 문제들은 나 자신의 고민이기도 하지만 자녀의 고민이기도 합니다. 자료를 한번 볼까요?

자료 1

자녀 연령	발달단계	학부모 역할의 어려움
유아기 (1~3세)	• 의사소통 기능 점차 발달	– 아이 성장단계에 맞는 두뇌·정서·신체 발달이 이루어지게 키우고 있는지 불안하고 확인하고 싶어요. – 프뢰벨 등의 교육전문가의 도서나 유명 유아 프로그램에 솔깃한데 뭐가 좋은지 잘 모르겠고 안 하자니 뒤처지는 거 같아요. – 남편이 육아문제를 적극적으로 돕지 않고 강 건너 불구경하는 듯해서 힘들고 야속해요.
아동전기 (4~6세)	• 자아개념, 가치습관 형성 • 정서발달	– 떼쓰거나 조르며 막무가내로 자신의 요구를 주장할 때 버릇을 어떻게 다스려야 할지 모르겠어요. 특히 공공장소에서는 남들의 이목에 신경이 쓰여 아이에게 일관성 없이 대하게 돼요. – 내 마음이 지치고 힘들 때 아이를 더 다그치게 되고 나중에 후회하는 일이 자주 있어요.
아동후기 (7~12세)	• 또래 관심 • 도덕성 발달	– 숙제나 방 청소 등 자기 할 일은 스스로 알아서 하면 좋겠는데 말을 해도 바로 따라 주지 않아요. – 컴퓨터나 스마트폰을 하느라 몇 시간씩 보내는 걸 보면 속이 터져요. – 친구 간에 싸움이나 왕따 같은 문제가 없는지 걱정돼요.
청소년기 (13~20세)	• 신체적·정신적 혼란 & 자아개념 재확립	– 장래 아이가 뭘 하며 살아야 할까? 진로고민을 늘 하게 돼요. – 성적을 올려야 할 텐데 하는 초조감이 있어요. – 아이가 너무 예민해져서 부모–자식 관계가 소원해졌어요. – 성과 이성친구 문제도 신경 쓰여요.

자료 2

다음은 〈자료 1〉을 참고하여 부모와 자녀가 겪는 일들을 재정리한 내용이다. 자녀와 부모라는 이름을 떠나 삶의 단계에 따라 소재만 다를 뿐, 공통된 고민과 갈등을 하고 있다는 것을 보여 준다.

부모의 고민	자녀의 고민
- 맘껏 내 고민이나 갈등을 터놓고 이야기하고 위로받고 싶다.	- 내가 원하는 거, 고민하는 거 맘껏 말하고 들어 주는 사람이 필요해요.
- 내가 학부모 역할을 제대로 하고 있나? - 자녀의 진로, 학습 어떻게 도와줘야 할까?	- 나도 공부 잘하고 싶어요. - 내 꿈이 뭘까?
- 내가 내 맘대로 안 돼. - 자녀가 내 맘대로 안 따라 주네. - 자녀를 못 믿겠는걸.	- 내가 내 맘대로 안 된다. - 부모님이 시키는 대로 하기 싫다! - 부모님이 나를 못 믿는다.
- 내가 피곤한데 자녀까지 살펴야 하는 게 너무 힘들어! - 자녀의 스마트폰 사용, 게임에 빠지는 거 어떻게 해야 하나?	- 아침에 일어나는 거 힘들다. - 다 귀찮아, 놀고 싶어요. - 나는 게임하면서 스트레스 푸는데 왜 못 하게 하나요? - 화장하고 싶어요!
- 부모에게서 받은 상처가 있어! - 자녀는 나를 어떻게 볼까? - 자녀가 마음 아파할 때 어떻게 도와줘야 할지 모르겠어.	- 부모에게 받은 상처가 있어요! - 사춘기, 남들이 나를 어떻게 볼까? - 마음이 아플 때 나만의 해결방법은?
- 배우자와의 관계를 잘 풀어 가는 방법은? - 자녀와의 소통은 어떻게? - 인간관계 쉽지 않아!	- 친구관계를 잘하려면? - 이성친구는 왜 안 되나요? - 부모와의 소통은 쉽지 않아!

멘트 자녀와 내가 같은 고민을 하고 있다는 점에 공감하시나요? 내가 내 앞의 문제들을 해결 못해 고심하면서 자녀에게 자기 할 일을 알아서 안 한다고 다그치는 것은 다시 한 번 생각해 봐야 하겠지요. 그렇다면 나와 자녀가 더불어 성장할 수 있는 방법은 무엇일까요? 내가 나를 바로 보는 데서 시작해야 되지 않을까요?

그래서 본 프로그램은 학부모 이전에 인간으로서의 내가 삶에서 겪는 중요한 것들을 성찰하고 다스려 가는 것에 중점을 두고 그 실천과정이 곧 자녀교육으로 이어질 수 있도록 구성하였습니다. 앞으로 우리가 함께 갈 과정을 한번 볼까요?

자료 3

차시/명	나의 성찰	자녀 교육
1차시 괜찮아	– 고민과 갈등 나누기 – 공감하고 수용하기	자녀의 이야기 들어 주기
2차시 이유가 있을 거야 (다그치지 말아요)	– 나에게 주어진 역할 – 마음을 다스리는 방법 1	학습과 진로
3차시 주인공으로 살아요 (평가하지 말아요)	– 나에 대한 이해 – 마음을 다스리는 방법 2	자녀에 대한 믿음
4차시 쉼	– 고정관념과 쉼에 대하여	자녀의 고정관념
5차시 고맙습니다	– 부모와의 관계 & 자가치유	자녀의 마음살피기
6차시 우리, 안아 줘요 (싸우지 말아요)	– 자녀와의 지혜로운 소통	자녀와 함께하는 마음공부
7차시 내 안의 꽃을 피워요	– 지혜로운 학부모의 길	행복한 자녀

마음으로 읽는 글

멘트 좋은 글에는 밝은 에너지가 스며 있습니다. 글 속에 담긴 내용이 곧 나의 자각을 돕는 정보 에너지이기 때문이지요. 매주마다 교육활동의 이해를 돕는 글을 함께 읽는 시간을 가지려 합니다. 오늘은 '마음'에 대한 글을 나누려고 합니다. 마음의 힘과 능력에 대해 생각해 보신 적이 있나요? 지금부터 마음이 과연 무엇인가 생각하면서 함께 읽어 볼까요?

내 안의 숨겨진 보배 '마음'

　모든 것이 자기 살림살이, 그 마음에서 빚어지는 일들입니다. 내면세계의 살림살이들을 이끌어 나갈 수 있는 그런 여러분이 돼야만 외부의 살림살이도 이끌어 나갈 수 있는 능력이 생깁니다. 여러분의 그 마음은 악으로 이끌 수도 있고, 선으로 이끌 수도 있습니다. 고정됨이 없이 쉴 사이 없이 돌아가는 그 마음이 어떤 거든지 바로 지켜볼 수 있고, 체험할 수 있고, 실험할 수 있고, 모든 것을 이끌어 갈 수 있는 지배인과 같습니다. 그래서 본래자성불(本來自性佛)이라고 합니다.

　마음속에 마음이 있습니다. 이 마음의 근본자리는 보이지도 않고 빛깔도 없고 아무것도 없습니다. 허공은 안 그렇습니까? 잡히지도 않고 빛깔도 없지만 허공은 있듯이, 마음도 보이지도 않고 아무것도 없지만 역력하게 있습니다. 예를 들어, 밀가루가 마음이라면 그걸로 별의별 것을 다 먹고 싶은 대로 해 먹을 수 있는 것이 바로 그겁니다. 이 마음이라는 것은 밀가루라는 근본을 가졌지마는 가공돼서 국수도 되고 만두도 되고 부침개도 되고 과자도 되고 술도 되고 누룩도 되고 뭐 별별 것이 다 되는 것입니다. 그리고 그것이 아무리 나누어져서 다른 이름을 띠고 나왔다 하더라도 밀가루는 밀가루의 근본이 거기 뚜렷하게 그냥 있는 것입니다.

　인간의 능력은 바로 그것을 용도에 따라서 꺼내 쓸 수 있는 데 있습니다. 우리의 마음인 영원한 그 마음 자체, 줄지도 않는 그 마음 말입니다. 마음대로 늘여서 쓰려면 늘여서 쓰고 줄여서 쓰려면 줄여서 쓰고, 펼쳐서 쓰려면 펼쳐서 쓰고, 그렇게 할 때 이 허공에 생명들의 마음도 포함되기 때문에 에너지가 저절로 항구적으로 자동적으로 그냥, 마음 쓰기에 따라 쓰여지게 되는 겁니다.

그러니 자기 마음을 자기가 다스려야 합니다. 그럼으로써 행을 잘할 수가 있고 올바로 갈 수가 있고 진실하게 갈 수가 있고, 얼토당토않은 욕심을 부리지 않을 것입니다. 그리고 자녀들도 보고 듣는 것이 그것인데 어찌 이탈하겠습니까? 여러분이 고독하게 만들고 배고프게 만드니까 그렇게 되는 거죠. 부모의 책임이 없다고도 할 수 없죠. 학교에다가 맡겨 놓으면 다 되는 줄 알지만 자녀는 바로 2세, 자기입니다. 더 발전을 해서 내 2세는 더 올바르고 진실하게 똑바로 다스려 나갈 수 있는 자기를 길러 주는 부모들이 돼야 하지 않겠습니까? 한 가정에서도 그렇고, 살아나가는 데에 사사건건이 인연에 따라서 돌아가지 않는 게 하나도 없으니까 말입니다.

실천해 봐요

과제 1 나와 자녀를 불편하게 하는 말과 행동은 STOP! 그리고 지켜보기

멘트 이 프로그램은 나를 다스리며 실천하는 과정이 그대로 좋은 자녀교육이 될 수 있도록 구성되어 있습니다. 그래서 실천이 꼭 필요하고 정말 중요합니다. 이제부터 한 주 동안 실천해 보시도록 과제를 안내해 드리겠습니다. 내가 실천하는 만큼 자녀도 밝게 변화하는 것을 경험하게 될 것입니다.

첫 번째 실천과제는 나와 자녀를 불편하게 하는 말과 행동은 STOP! 그리고 지켜보기입니다. 오늘 여러분은 학부모로서의 시행착오를 겪으며 쌓아 둔 내면의 갈등이나 고민을 누군가의 시선을 의식하지 않고 비판받지 않고 편안하게 이야기할 수 있었습니다. 자녀에게도 이런 시간이 필요하지 않겠습니까? 그래서 이번 주에는 자녀의 어떤 말과 행동에 대해서도 잔소리하지 않고 화내지 않고 그냥 보아 주는 실천을 해 보는 것입니다.

말과 행동을 언제 무조건 STOP! 하면 좋을까요? 자녀를 야단치고 싶을 때, 잔소리하고 싶을 때, 배우자에게 불만이 올라올 때 등 가족구성원 간의 불편함을 가져오는 상황 모두 좋습니다. 너무 어려우면 한두 가지 상황만 정해서 그때만이라도 무조건 STOP! 해 보는 겁니다.

그동안의 진행사례를 말씀드리면 이 과제를 실천할 때 보통 5일 정도는 열심히 STOP! 하면서 참습니다. 그러다 6일째 그 참았던 것이 터져서 자녀에게 강스파이크를 날리고 말았다는 분들이 많았습니다. STOP! 하라는 것은 참으라는 것이 아닙니다. STOP! 하고 자신의 언행을 한번 되돌아보고, 다르게 풀어 가는 방법을 찾아보시라는 것입니다. 단군신화의 호랑이처럼 뛰쳐나가지 마시고 웅녀가 된 곰처럼 자신을 잘 다스리는 한 주 되시기 바랍니다.

과제 2 ▶ 마음노트 쓰기

멘트   두 번째 실천과제는 마음노트 쓰기입니다. 실천이 쉽지 않지만 해 보면 분명 바뀌는 게 있습니다. 그것을 알 수 있는 좋은 방법은 매일매일 자신의 실천을 적어 보는 것입니다. 짬짬이 때를 봐서 적으면 됩니다. 무조건 STOP! 하고 뭘 해야 할지 모를 때 마음노트를 쓸 수 있는 상황이 된다면 그때 적어 보는 것도 좋겠습니다. 쓰는 동안 자신의 마음을 살피는 좋은 시간이 될 것입니다. 학부모프로젝트가 끝날 때까지는 꾸준히 마음노트를 작성하면서 자신을 다스리는 도구로 잘 활용하기 바랍니다.

진행 Tip

1. 무조건 STOP! 과제를 제시하면 "그럼 어떻게 생활하느냐?" "아들이 틈만 나면 게임을 하는데 하루 종일 해도 그냥 내버려 두라는 것인가?"와 같은 질문을 받습니다. 이에 대해서는 일단 습관적으로 상대방을 향해 나가는 말과 행동을 멈추고 그렇게 하고 있는 나를 살핀 후 행동하라는 것이 이 과제의 포인트임을 안내합니다.

2. 교육대상 및 조건이 허락하면 주중에 실천과제를 2회 정도 문자안내 또는 스마트폰의 SNS기능(예: 밴드)을 활용하여 교육생들의 마음을 환기시켜 주는 것이 좋습니다. 교육공간에서는 실천에 대한 동기부여가 되어도 일상생활로 돌아가면 그 마음을 쉽게 놓치게 되는데 문자를 받고 자각하게 되었다는 분들이 대부분입니다.

3. 워크북을 제공할 경우에는 워크북에 마음노트 칸을 추가하면 편리하게 사용할 수 있습니다.

4. 마음노트의 사례를 들어 주는 것도 실천의지를 갖는 데 도움이 됩니다. 다음의 예는 학부모프로젝트에 참여하였던 분이 무조건 STOP! 과제를 실천하며 쓴 내용입니다.

　큰아이가 휘파람을 불고 있다. 기분이 몹시 좋은 모양이다. 나도 덩달아 즐겁다. 오늘 내 잔소리 없이 알아서 숙제를 하고 그 문제들이 다 맞으니 기분이 좋아 부는 휘파람이다. 아이가 나에게 말을 건다. "엄마 뭐해?" "엄마, 일기 써." "무슨 일기?" " 엄마가 요새 좋은 부모 되는 연습을 하고 있어. 그래서 너한테 잔소리도 안 하고 화도 안 내는데 너는 못 느낀다니 엄마는 좀 섭섭해." 아이가 대답한다. "엄마, 미안해. 엄마가 잔소리를 많이 하시는 게 아니라 내가 엄마가 하는 말씀에 겁먹어서 잔소리를 많이 한다고 느꼈던 것 같아." 정말 많은 걸 느낀 하루다. 아이가 스스로 공부하는 모습도 생소하고 저렇게 다 큰 아이처럼 말하는 것도 생소하다.

행복한 학부모를 위한 마음공부 - 1차시

학부모프로젝트

마음을 열어요

- 인사 나누기
- 팀명 짓기

괜찮아

- 학부모로서의 고민
- 공감 & 공유

자녀의 성장단계에 따른 부모의 고민

1. 유아기(1 ~ 3세, 의사소통 기능 점차 발달)

 - **두뇌 • 정서 • 신체가** 적당하게 발달하고 있는지 불안
 - 전문 유아프로그램을 따르지 않으면 뒤처지는 느낌
 - 배우자가 육아문제를 적극적으로 돕지 않아 불만

2. 아동전기(4 ~ 6세, 자아개념, 가치습관 형성, 정서발달)

 - 떼쓸 때 어떻게 습관을 다스려야 하는지
 - 일관성 있는 교육은 무엇인가
 - 내 마음이 지칠 때 아이를 다그치게 되고 후회

3. 아동후기(7~12세, 또래 관심, 도덕성 발달)

- 자기 할 일을 스스로 알아서 하게 하려면
- 컴퓨터, 스마트폰 계속 하는 걸 보는 게 괴롭다.
- 학습습관, 왕따, 친구문제가 걱정된다.

4. 청소년기
(13~19세, 신체·정신적 혼란, 자아개념 재확립)

- 장래 아이가 어떻게 살 것인가, 진로문제 고민
- 성적을 올려야 한다는 초조감
- 아이가 너무 예민해서 관계가 소원해졌다.
- 성(性)과 이성친구 문제도 신경 쓰인다.

 고민　　　　　　　　고민

	정체성	
내 고민을 함께해 줄 사람이 필요해! 아이는 나를 어떻게 볼까? 학부모역할 잘하고 있나?		나도 누군가가 필요해요! 내 역할은 공부, 나도 공부 잘하고 싶어요! 내 꿈은? 부모님은 나를 어떻게 보실까?
내가 내 맘대로 안 돼! 아이가 내 맘대로 안 돼! 아이를 못 믿어! 나도 피곤해!	자기 조절	나도 내가 내 맘대로 안 돼요! 마음이 아플 땐 어떻게? 게임? 스트레스 해소 짱! 스마트폰은 친구관계 필수!
아이의 학습지도 어떻게? 인간관계 쉽지 않아! 부모·배우자와의 소통은? 아이와의 소통방법은?	소통	친구관계를 잘하려면? 이성친구는 왜 안되나요? 부모님은 날 못 믿어요!

프로그램 소개 ●

회차/ 주제	나의 성찰	자녀교육
1회 괜찮아	- 고민과 갈등 - 공감과 위로	자녀의 이야기 들어주기
2회 이유가 있을 거야	- 학부모 역할 - 마음을 다스리는 방법1	학습과 진로
3회 주인공으로 살아요	- 나에 대한 이해 - 마음을 다스리는 방법2	자녀에 대한 믿음

회차/ 주제	나의 성찰	자녀교육
4회 쉼	- 고정관념 & 쉼	자녀의 고정관념
5회 고맙습니다	- 부모와의 관계 & 자가치유	자녀의 마음 살피기
6회 우리, 안아 줘요	- 자녀와의 지혜로운 소통	자녀와 함께하는 마음공부
7회 내 안의 꽃을 피워요	- 지혜로운 학부모의 길	행복한 자녀

마음으로 읽는 글
- 내 안의 숨겨진 보배 '마음'

실천해 봐요

1. 나와 자녀를 불편하게 하는 말과 행동 STOP!

2. 마음노트 쓰기

이유가 있을 거야

2차시　이유가 있을 거야

　　이번 차시의 주제는 **이유가 있을 거야**'입니다. 학부모님들은 지난주 과제를 실천하느라 평소 하던 말과 행동을 STOP합니다. 그러다 보면 STOP(멈춤) 상태를 유지하기 위해서 상대방에게 향하던 마음의 초점을 자신에게 돌리게 되고, 자신이 자녀에게 어떻게 말하고 행동했었는지 알아차리게 됩니다. 내가 맡고 있는 역할이 힘겹다고 느껴진다면 거기에는 분명히 이유가 있습니다. 우리 대부분은 그 이유를 상대에게서 찾지만 진짜 이유는 각자의 내면에 입력되어 있는 수많은 의식들, 즉 관념, 분별, 감정들 때문입니다. 이 시간에는 나 자신에게서 이유를 찾아보는 활동을 합니다.

🚩 진행목표

- 자녀의 학습과 진로에 관련하여 학부모 역할을 어떻게 하고 있는지 살펴본다.
- 마음을 다스리는 방법 A1, A2에 대해 이해한다.[1]

🚩 진행흐름

흐름	활동	시간(120')	준비
실천 나누기	• 실천 내용과 소감 공유	45'	워크북
이유가 있을 거야	• 나의 말과 행동 바로 보기 • 자녀 입장 되어 보기	40'	워크북
마음을 다스리는 A1, A2	• A1, A2	20'	ppt
마음으로 읽는 글	• 입력된 대로 나오는 것뿐입니다 • 좋다, 싫다 하는 분별이 자기를 막아 놓습니다	10'	워크북
실천해 봐요	• 실천과제 안내	5'	ppt, 워크북

---

[1] 이 프로그램에서는 자각과 동시에 마음을 다스려서 구체적인 상황을 변화시킬 수 있는 방법으로 A1부터 A4까지 네 가지 다스림의 방법을 제시하고 있다. A는 Awareness(자각)의 약자이며 각각의 자각은 다음과 같다. A1: 이것은 좋은 것도 싫은 것도 아니다! A2: 입력된 것이 나오는 것이다! A3: 고정됨이 없는 주인공! A4: 무조건 굴려놓자! 2차시에 A1~2, 3차시에서 A3~4에 대해 자세히 설명하고 있다.

실천 나누기

각자 준비해 온 마음노트의 내용을 팀원들과 공유하면서 서로의 경험을 나누고 배우는 활동이다. 한 사람이 계속 이야기를 하지 않도록 안내하고 이야기를 충분히 나누도록 시간을 조절한다. 자녀의 학년에 따라 팀 구성을 한 경우, 다른 팀에서 경험자의 조언이 나올 수 있으므로 전체 공유시간을 짧게라도 꼭 갖는 것이 좋다.

멘트 반갑습니다. 한 주 동안 편안하셨나요? 지난주에 나와 자녀를 불편하게 하는 말과 행동 STOP! 그리고 지켜보는 것을 실천해 보자고 했는데 어떠셨나요? 마음노트는 써 보셨나요? 같이 앉아 계시는 분들이 어떻게 실천하셨는지 궁금하기도 하고 내가 하고 싶은 이야기도 있으시겠지요? 지금부터 그 내용들을 같이 나누는 시간을 갖겠습니다.

〈실천 사례 1〉

아이가 중간고사 성적표를 가지고 왔다. 바로 보여 달라는 내 말에 학원 다녀와서 보여 주겠다고 한다. 둘이 실랭이를 했다. 여기서 STOP 했으면 좋았을 것을, 결국 우겨서 성적표를 보았고 "너 앞으로 뭐하고 어떻게 살래?"하고 내뱉고 말았다. 아들은 다 포기하겠다면서 학원도 안 가고 같이 싸웠다.

〈실천 사례 2〉

아들이 책상에 앉아 손톱을 연필로 후벼 파며 공부하는 데 집중하지 않고 있다. 그냥 내려놓기로 마음먹었다. 금세 자겠다고 한다. 공부하느라 애썼다고 위로했다. 오늘은 마음이 왜 이리도 쉽게 내려놓아지는지……. 그러나 기분 좋게 잠자리에 들어간 아들에 비해 나는 걱정이 앞서고 불안해진다.

〈실천 사례 3〉

늘 입에 달고 다니던 '방 좀 치워라.' '인터넷 그만해라.' '학교 갈 시간이다, 일어나라.' 이 세 문장을 무조건 STOP! 하려고 의식적으로 깨어 있다 보니 속에서 올라오는 투덜거림. 얼핏 자다 깨어 보니 12시가 넘어가고 있는데 딸은 아직도 컴퓨터 삼매경이다. "지금 시간이 몇 시니? 아직 안 자고 뭐해?" "몰라." 속으로 STOP!을 외치며 마음을 내려놓는다. 속상했지만 무표정하게 불을 끄니, 눈치를 살피다가 컴퓨터를 끄고 잠자리에 든다. 시작되면 끝내기 힘들던 잔소리에 항상 반항적이던 아이가 오늘은 옆에 와 누우면서 잘못했다고 두 번이나 말을 한다. 그동안 들어 보기 힘들던 말이다. 야단치기를 멈추자 아이의 마음을 비집고 나온 양심의 소리였을까? 첫 단추가 잘 끼워진 느낌. 끝까지 수업 빼먹지 말고 열심히 해 보자.

〈실천 사례 4〉

　STOP!을 하다 보니 나를 돌아보게 된다. 억누르려고 하면 감정이 더 많이 올라온다. 내가 내뱉고자 하는 말을 쏟아 냈을 때는 나의 감정이 해소되는데 지금 하고 싶은 말을 당사자에게 할 수 없다는 생각 때문에 갑자기 속이 더 답답해지면서 화가 났다. 결국 내 기분을 풀기 위해 상대에게 잔소리를 하고 있었다는 걸 알게 되었다. 상대가 내 감정 해소용도 아닌데, 내 기준에 벗어난 행동을 상대가 했을 때 그 행동이 나 아닌 다른 사람이 볼 때도 잘못된 행동일까? 잘못된 것도 분명히 있겠지. 훈육과 감정표출의 차이는 무엇으로 감지할 수 있을까? 또 한 가지 알게 된 것은 내가 의심하는 듯한 어투를 싫어한다는 것이다.

나의 과제: 훈육과 내 성질을 못 이긴 감정표출의 차이를 바로 알자. '인생을 ~ 하게 살아야 한다.'는 것에 과연 정답이 있는가?

이유가 있을 거야

멘트   지난주 실천과정을 통해서 이런저런 사연들이 많으셨을 텐데 아마도 여러분 자신을 돌아보는 기회가 되었을 것입니다. 현재 나에게 주어진 다양한 역할들을 어떻게 해 가고 있는지를 보여 주는 일부 사례였다고 생각됩니다. 그래서 이번 시간에는 대부분 학부모들의 최대 관심사인 자녀의 학습이나 진로를 재료 삼아 자신을 탐색해 보는 시간을 가져 보려고 합니다.

학습이나 진로 문제로 자녀와 갈등이 반복되고 있다면 거기에는 분명히 뭔가 이유가 있을 거라고 생각합니다. 그 이유에 대해 좀 더 자세히 생각해 볼까요?

◉ 나의 말과 행동 바로 보기

자녀의 학습과 진로문제에 대해 평소 어떤 생각을 하고 있으며, 자녀와 대면할 때 주로 어떤 표현을 하는지 구체적인 말과 행동을 활동지에 적는다. 그리고 그 내용을 팀원들과 공유하면서 서로의 의견을 듣는다.

〈활동지 양식〉

※ 학습 또는 진로문제와 관련하여 자녀에게 어떤 말과 행동을 하나요? 그렇게 말하고 행동하게 되는 나의 속마음은 무엇인지 적어 봅니다.

1. 구체적 상황
    나의 말투와 표현
    나의 행동
    나의 속마음

2. 구체적 상황
    나의 말투와 표현
    나의 행동
    나의 속마음

◉ 자녀 입장 되어 보기

자녀의 입장이 되어 나의 학부모 역할을 점검해 보는 활동이다. 활동지를 작성한 뒤, 팀원들과 내용을 공유한다. 팀활동이 끝나면 활동 1, 활동 2의 내용을 전체 공유한다. 자신의 어린 시절로 돌아가서 생각해 보는 활동은 내면 치유의 효과가 있다. 더불어 자녀를 대할 때 미처 살피지 못했던 부분이 무엇인지 생각해 보게 된다.

멘트 자신에게 주어진 역할을 어떻게 하고 있는지 점검해 보면서 나의 언행의 이면에 스스로도 자각하지 못했던 마음들이 입력되어 있었다는 것을 확인하셨나요? 그럼 이 상황을 어떻게 풀어야 할지 답답하기도 하고 막막하기도 하겠지요? 앞으로 자녀가 잘 살려면 이렇게 해야 하는데 하는 걱정, 자식은 당연히 내 지시에 따라야 한다는 생각, 학생은 반드시 공부해야 한다는 생각, 현실이 내 생각대로 안 돌아가는 것에 대한 짜증, 이런 입력된 마음들이 바로 내게 주어진 역할들을 쉽게 또는 어렵게 풀어 가게 하는 중요한 이유입니다. 돌이켜 보면 나도 어린 시절이 있었는데 그때의 생각과 감성은 다 잊어버리고 지금은 학부모라는 역할이 전부가 되어 버렸지요.

그래서 지금부터는 학부모라는 생각을 다 내려놓고 다시 자녀가 되어 보는 겁니다. 잊어버리고 있었던 어린 시절이 고스란히 내 안에 입력이 되어 있으니 그 의식들을 꺼내 볼까요? 이제 나는 자녀 또래의 아이로 돌아가 보는 겁니다. 자, 부모로서 내가 자녀에게 하는 말과 행동들을 어린 내가 받고 있다면 어떤 느낌과 어떤 생각이 들까요?

> 〈활동지 양식〉
>
> ※ 과거로 돌아가서, 내가 자녀 또래의 아이라고 느껴 보세요. 그리고 내가 자녀에게 하는 말과 행동들을 부모로부터 받는다면 어떤 느낌일지 적어 보세요.
>
> ※ 어린 시절에 내가 부모에게 정말 바랐던 마음, 말, 행동은 무엇이었나요? 기억나는 대로 적어 보세요.

진행 Tip

전체 공유가 끝난 뒤, 학습지도나 진로탐색에 대한 구체적인 지도방법을 원하는 학부모님들을 배려하여 멘트를 추가하는 것도 좋습니다. 학습지도 및 진로탐색은 정해진 방법이 없으므로 자녀와 부모가 서로 소통하면서 만들어 가는 사례를 들어 안내합니다.

어린 시절 내가 바라던 부모의 모습과 지금 부모로서의 내 모습을 비교해 보니 여러 생각이 교차할 겁니다. 내가 바라던 부모상을 구현하고 있는 부분은 그대로 쭉 이어 가시면 되고, 부족하다고 느끼는 부분은 앞으로 계발해 나가시면 됩니다.

나와 마찬가지로 자녀도 딸(아들), 학생, 친구 등 자기가 맡고 있는 역할이 참 많고, 나름대로 어려움을 느낍니다. 그런데 나도 내 역할을 힘들어하면서, 자녀에게는 "학생이 네 역할이니 스스로 공부도 열심히 하고, 진로 탐색도 알아서 해야 한다."고 쉽게 말할 수 있겠습니까? 다음 사례들을 보면서 지도방법에 대해서 생각해 보겠습니다.

〈사례 1〉

전교 1등을 하는 딸을 둔 분인데, 어느 날 그분의 안색이 몹시 언짢아 보였습니다. 이번 시험에서 아이가 전교 1등을 못했다는 겁니다. 그래서 1등은 아니어도 잘했을 것 아니냐고 했더니 '1등은 당연한 거고, 2등은 패배'라며 딸의 생각도 본인과 같다고 하였습니다.

〈사례 2〉

항상 긴장상태로 지내는 고2 학생인데, 이 친구의 고민은 수학시험지만 받으면 머리가 하얘져서 문제를 제대로 못 푼다는 것입니다. 수학시험을 잘 봐야 한다는 압박감이 너무 심해서 그렇다고 합니다. 수학 때문에 속이 상했던 부모가 다행히 이 사실은 알게 되었지만, 자녀의 압박감을 어떻게 풀어 주어야 할지 모릅니다.

〈사례 3〉

아이가 욕심이 많아서 뭘 시작했다 하면 끝장을 봐야 직성이 풀립니다. 스스로 학원을 찾아서 보내 달라고 할 정도입니다. 그런데 엄마가 살펴보니 아이가 잘

해야 한다는 지나친 강박관념을 가지고 있는 게 느껴집니다. 이런 성격이 나중에 뜻대로 안 될 경우에 아이를 아프게 할 수도 있다는 생각이 들어서 "너 꼭 1등 안 해도 돼, 자꾸 잘해야 한다고 생각하면 긴장해서 오히려 못하게 되고 그러면 네가 힘들어져. 그러니까 스스로 잘 이끌어 갈 것이라고 믿고, 마음을 편하게 가져라." 하고 아이의 긴장하는 마음을 풀어 줍니다.

〈사례 4〉

어머니는 교사, 아버지는 사업가입니다. 부모 입장에서 보면 유학도 보내 줄 수 있고 어떤 것이든 집안에서 충분히 밀어 줄 수 있으니 아들이 공부에 집중하기를 바랍니다. 아들은 공부에 관심이 없습니다. 외국은 싫다면서 식당에 가서 12시까지 아르바이트를 하고 옵니다. 양파 까고 감자 깎고 왔다는 이야기를 즐겁게 할 때마다 부모는 속에서 열이 오릅니다. 그 친구의 꿈은 요리사입니다. 부모의 생각에는 남자가, 그것도 내 아들이 요리사를 한다는 건 있을 수 없는 일입니다. 집안 친지나 형제들이 오히려 아이가 갈 수 있는 길을 열어 주라고 조언을 합니다. 두 부부는 고심 끝에 자식에 대한 욕심을 내려놓기로 결정합니다. 현재 그 아들은 군대를 다녀와 대기업에서 요리사로서 정식 직원의 길을 걷고 있습니다.

앞의 사례에서 보듯이 자녀의 학습지도나 진로에 대한 탐색과정은 자녀의 성격, 적성, 부모의 가치관, 가정환경 등에 따라 달라집니다. 이런 조건들을 고려하여 자녀와 부모가 함께 만들어 가는 것이지요. 그런데 부모가 자녀의 학습능력 그리고 미래에 대해 이미 완성된 그림을 그려 놓으신 분들이 많습니다. 그것은 상상일 뿐입니다. 그렇게 완결판을 그리기 전에 부모가 먼저 체크해야 할 부분이 있습니다. '과연 나는 나―욕심, 가치관 등―에 대해 얼마나 파악하고 있나?'를 면밀히 점검하고 또, '나는 우리 아이의 성격, 적성, 사고방식 등을 얼마나 이해하고 있나?'를 살펴보아야 합니다. 이에 따라 지도방법이 많이 달라지기 때문입니다.

지금은 공부를 잘해야만 잘 살 수 있는 시대가 아닙니다. 자녀의 상황, 생각을 존중하면서 함께 진행형의 길을 만들어 가면 됩니다. 요즘은 이런 부모님들이 많이 계십니다. 자녀와 항상 의논하여 결정하겠다는 마음으로 자녀의 적성, 재능을 살펴 주는 든든한 지지자, 지원자가 되시길 바랍니다.

마음을 다스리는 A1, A2

멘트 우리는 더불어 살아가는 존재이기에 어떤 상황에서든 역할을 맡게 됩니다. 자녀, 청소년, 학생, 친구, 성인, 여자, 남자, 배우자, 부모, 학부모 등의 수많은 역할을 해 나갑니다. 가정에서도 엄마, 아빠, 자식, 아내, 며느리 등 역할이 많습니다. 그러다 보니 선생님 역할을 하던 사람은 집에 와서도 무의식중에 선생님 역할을 하려 합니다. 그로 인해 가족들과 분란도 일어납니다. 그렇다고 역할마다 어떻게 하라고 정해진 것도 없습니다. 그렇다면 나에게 다가오는 역할을 어떻게 원만하게 해 나갈 수 있을까요?

역할은 고정된 게 없으니까 어떤 역할이 다가오든지 일단 흔들리지 않도록 중심을 잘 잡아야 합니다. 그래서 2차시부터 7차시까지는 내 중심을 어떻게 잡을지 그리고 지혜롭게 풀어 가는 방법은 무엇인지에 대해서 탐색해 보려 합니다. 이러한 탐색이 곧 나를 다스려 가는 실천이 되겠지요. 이번 주에는 그 방법 중 두 가지를 소개하겠습니다.

방법 1 A1 – 이것은 좋은 것도 싫은 것도 아니다

- A는 Awareness, 자각이라는 뜻입니다. 자기의 마음을 알아차리고 다스린다는 의미로 사용합니다.
- 여기에서 '좋은 것도 싫은 것도'는 좋고 싫음을 포함한 모든 종류의 분별을 의미합니다. 옳고 그름, 높고 낮음, 잘하고 못함, 밉고, 고움등을 말합니다.

멘트 첫 번째 방법은 내 앞에 어떤 상황이 오든 '이것은 좋은 것도 싫은 것도 아니다.'라고 스스로를 다스리는 것입니다. 중심을 잡고 상황에 맞게 역할을 하기 위해서는 일단 자신이 입력해 놓은 의식들을 다스릴 줄 알아야 합니다. 우리 모두는 생명을 가지고 더불어 살고 있기 때문에 내가 좋아하든 싫어하든 계속 마주치게 되어 있습니다. 그런데 보통 힘든 상황에 맞닥뜨리면 상대 때문에 내가 흔들린다고 생각합니다. 자식이 공부를 안 해서 속이 상하고, 배우자가 배려심이 부족해서 힘들다고 생각을 합니다.

그러나 조금만 세밀하게 살펴보면 힘든 이유는 내 안에 있다는 걸 알 수 있습니다. 똑같은 조건에서 똑같이 힘든 일을 당해도 누구는 그러려니 하며 태평하게 넘어가고, 누구는 당황하며 괴로워하는 경우가 있지요? 눈앞에 펼쳐진 상황이 나를 힘들게 하는 게 아니라, 그걸 보는 나 자신의 마음이 흔들리는 겁니다. 나의 내면에 입력되어 있는 의식들이 출렁거리는 것이지요. 이래야 하는데 저렇게 되어서 불편한 마음, 좋다, 싫다, 잘했다, 못했다, 밉다, 곱다 등 분별하는 많은 의식들, 좋은 것은 끌어당기고 싫은 것은 밀어내고 피하고 싶은 감정 등이 원인입니다.

실제 상황이 닥치면 객관적 사실보다는 내 안에 입력된 감정이 먼저 반응을 합니다. 이전에 유사했던 상황에 대한 관념과 경험치가 있어서 그에 대해서 좋다 싫다 하는 입력된 판단이 감정으로 표출되기 때문이지요. 그 입력된 것들이 나오는 대로 반응을 해 버리면 현재의 나의 역할이나 상황을 바로 볼 수가 없게 됩니다. 오늘 자녀의 학습지도와 진로문제에 대한 자신의 속마음을 살펴보셔서 아시겠지만 내 마음속에 이미 정해 놓은 관념들이 참 많습니다. 그 관념들이 나의 밝은 지혜를 가리는 것입니다.

그래서 일단은 STOP! 하고 그 입력된 분별의식에 흔들리지 않도록 자기의식을 알아차리고 다스리는 것입니다. 그러면 좋고 싫음으로 흔들리던 마음이 가라앉습니다.

진행 Tip

1. 옳다 그르다, 좋다 싫다는 분별이 없으면 세상을 어떻게 살아가겠는가? 하는 의문을 제기하는 분들도 있을 것입니다. 마음으로 읽는 글 '좋다, 싫다 하는 분별이 자기를 막아 놓습니다'에는 그에 대한 답변이 있으므로 '마음을 다스리는 A1'을 설명한 다음 같이 읽어 보는 것도 좋습니다.

2. 설명이 끝난 후에는 구체적으로 어떻게 하는 것인지 사례를 들어 함께해 보면 이해하기 쉽고 실천하는 데 도움이 됩니다.

〈실천 예시〉
- 학부모 고민: 자녀가 숙제를 하지 않고 게임을 하고 있을 때 답답한 마음이 올라온다.
- 실험방법: 올라오는 의식을 다독이듯 마음속으로 말하거나 소리를 내어 말하면서 마음을 다스린다.
  ① 아이가 지금 숙제를 해야 하는데 게임을 하고 있는 이 상황은 좋은 것도 나쁜 것도 아니다.
  ② 이 상황을 보면서 올라오는 답답함과 걱정스러운 마음은 당연한 것도 당연하지 않은 것도 아니다.

방법 2   A2 – 입력된 것이 나오는 것이다

멘트 출렁거리는 마음을 일단 가라앉히고 나면 스스로 납득이 되어야 합니다. 그래서 두 번째 방법은 '입력된 것이 나오는 것뿐이다.'라고 다스리는 것입니다.

예를 들어, 자녀가 컴퓨터 게임에 빠져 있는 것을 보면 속에서 화가 납니다. 화가 난다는 것은 그 게임을 하는 행위 자체를 '나쁜' 것으로 분별했기 때문이죠. 화를 내면 자녀가 게임을 그만둘까요? 무작정 화를 내는 것은 관계만 악화시키지 도움이 되지 않습니다. 그래서 그 화를 '마음을 다스리는 A1'으로 가라앉히고 나서 지혜롭게 풀 방법을 찾아야죠. 그 방법은 우선 상황을 객관적으로 보는 것입니다. 객관적으로 본다는 것은 자녀가 게임을 하는 것도 내 속에서 화가 올라오는 것도 언젠가 입력되었던 내용이 나온 것임을 알아차리는 것입니다. 입력되어 있지 않은 것은 나올 리가 없습니다. 그게 좋은 것이든 안 좋은 것이든 입력되었기 때문에 나온 것입니다. 다른 이유를 찾게 되면 있는 그대로 볼 수가 없습니다.

이번 주에는 자녀, 배우자와의 관계에서 올라오는 나의 의식들을 이 두 가지 자각으로 다스려서 자신에게 익숙해지도록 연습하시면 됩니다. 다음 차시에서는 입력되어 나온 것을 어떻게 해결해 나갈지 살펴보겠습니다.

마음으로 읽는 글

멘트 이번 주의 마음으로 읽는 글은 '마음을 다스리는 A1, A2'를 실천하는 데 도움을 주는 내용입니다. 할아버지가 손주에게 받아쓰기 연습을 시키는데 똑같은 단어를 16번 쓰고도 틀립니다. 할아버지는 연방 "집중해!"라고 소리치십니다. 옆에서 가만히 보고 있던 할머니가 아이에게 '집중해'라는 말이 무슨 뜻인지 아느냐고 물었어요. 아이는 아주 태평스럽게 모른다고 대답합니다. 할머니가 손주와 눈을 맞추고 천천히 말해 주었습니다. "집중한다는 건 마음을 담는다는 거야, 글씨를 쓸 때 눈하고 손으로만 움직이지 말고 글씨에 네 마음을 담아 봐."라고요. 그러자 아이가 "아하!" 하고 눈을 반짝였습니다. 그다음부터는 수학숙제를 하면서도 "할머니, 이거 마음을 담아서 했어."라고 말합니다.

우리의 몸 자체는 컴퓨터와 같아서 보고 듣고 접하는 모든 것들이 자동으로 입력됩니다. 내가 딱 마음에 와 닿지 않더라도 할머니가 말씀하셨던 것처럼 지금 마음을 담아 읽다 보면 내 안의 밝은 지혜가 되어 출력될 때가 있을 것입니다. 함께 읽어 볼까요?

좋다, 싫다 하는 분별이 자기를 막아 놓습니다

여러분 가만히 생각해 보세요. 나쁜 일을 했다가도 좋은 사람이 될 수 있고, 좋은 사람일지언정 때로는 나쁘게 돌아갈 수 있다는 그 사실을 여러분은 잘 알고 계시겠죠. 장차 좋은 것도 아니고, 장차 나쁜 것도 아니다 이겁니다. 나쁜 짓을 했다 하더라도 그 사람이 항상 나쁜 짓만 하는 게 아닙니다. 금방 어떠한 지경에 도달해 '나는 이렇게 해서 안 되겠다.' 하고 돌아섭니다. 그렇게 돌아설 사람을 '이 사람은 나쁘다.' 이렇게 꼭 찍어 놔야 옳겠습니까?

그러니까 부모가 자식이 싫다는 것을 강요하거나 그러지 마시고, 자식이 부모 뜻과 반대로 나가는 거, 부모가 보기에 이렇게 나가면 안 되는데 하는 판단이 서면 이런 것도 잘 돌려서 잘 되게끔 해 줘야죠. 그런데 이렇게 나가는 건 옳고, 저렇게 나가는 거는 틀리다고만 생각을 한다면 그건 모가 나죠. 잘못 나간다 하더라도, '어!

내가 잘못 나간다고 생각하는 건 내 생각이지, 그게 아니다.' 잘 돌아가게 만들어 주는 것이 바로 자비입니다. 하나하나 이것이 옳다 그르다, 밉다 곱다 해서 판단을 자꾸 한다면, 남편도 아내 일에 잘한다 못한다 판단을 하고 아내도 남편 일에 잘한다 못한다 해서 판단을 한다면 이것은 진짜 잘못 나가는 겁니다. 모두가 잘못 나가는 겁니다.

인간의 마음 근본은 국한돼 있는 게 아닙니다. 무한대입니다, 무한! 항상 진화해서 발전시키고, 발전하면서 또 거듭거듭 발전할 수 있는 무한한 심성의 근본입니다. 이 세상의 도리로 악이다 선이다, 나쁜 거다 좋은 거다, 모자라다 영리하다, 길다 짧다, 죄가 있다 없다 하는 것이 논의되는데, 이것이 자기를 막아 놓는 것입니다. 그런데 죄가 있다 없다도 없습니다. 참 미묘한 거죠. 인간은 당연히 고등적인 차원이기 때문에 이러니저러니 하는, 죄가 있다 없다, 업이 있다 없다, 이런 게 근본에는 없습니다. 여러분의 마음에 살아오던 습관과 집착과 욕심과 그 의식으로 지내던 모든 것이 앙금처럼 앉아 있기 때문에 이 생각 저 생각이 복잡하게 일어나는 거죠.

입력된 대로 나오는 것뿐입니다

모든 존재는 마음의 차원대로 그 수준에서 각각 살아가기 마련입니다. 마음작용은 거대한 컴퓨터에 비유할 수 있는데 그 컴퓨터에는 이제껏 지내 오면서 지은 모든 것들이 자동 입력되어 있죠. 알고 지은 것이나 모르고 지은 것이나 선한 것이나 악한 것이나 지은 그대로 뭉쳐 있습니다. 그러다가 인연따라 하나하나 다시 나오게 됩니다.

어떤 문제가 생겼다고 한다면 그것은 앞서 입력된 근거가 있기 때문에 나오는 것이거든요. 근거 없이 나오는 건 하나도 없습니다. 자기가 과거에 어떻게 살았느냐에 따라서 (두뇌에) 입력이 돼 있거든요. 그럼 현실로 나오게 돼 있어요. 그런데 그 입력을 없애려면 거기다가 다시 입력을 해야 앞서 입력된 게 없어지죠? 그런데 그 입력을 지우지 않고 그대로 모두 살고 있잖아요. 근거가 있어서 나왔으니까 나온 자리에다가 입력을 해서 그 근거를 지워 버리면 그게 소멸되죠. 하나하나 소멸시키다 보면 전체가 다 소멸이 돼요. 그러면 그때는 자유스러워지죠. 점차 자유스러워집니다.

실천해 봐요

멘트　성인에게는 직장이 있고 없음이 자존감과 관련되듯이, 학생에게는 학습능력이 그들의 자존감에 영향을 미칩니다. 나는 단순히 학습지도를 하는 것이라고 생각했는데 자녀에게는 자존감을 떨어뜨리는 요인이 될 수도 있는 것이지요. 자존감은 학습뿐만 아니라 친구문제와 성격 형성에도 영향을 미칩니다.

첫 번째 과제는 학습지도나 진로문제로 인해 올라오는 마음을 A1, A2로 다스리면서 자녀의 학습과 진로에 대한 심리를 파악하는 것입니다. 내 마음의 흔들림을 잡고 현실을 있는 그대로 보는 연습을 하는 데 집중하는 겁니다. 그리고 자녀를 살펴봐 주는 겁니다. 나는 이러한 마음인데 너는 너의 학습능력이나 꿈, 진로에 대해 어떻게 생각하고 어떤 감정을 가지고 있느냐?, 그리고 그 마음을 어떤 말과 행동으로 드러내고 있는지를 살펴 주는 겁니다. 오늘 나의 속마음을 살펴보았던 그대로 자녀에게 적용해 보시면 도움이 될 것입니다.

두 번째 과제는 어린 시절 부모가 나에게 따뜻한 사랑을 주기 바랐던 것처럼 나도 자녀에게 조건 없는 사랑을 주는 것입니다. 이 과제를 실천하다 보면 자녀가 행복을 느낄 수 있게 되고 내 안의 의식을 치유하는 효과도 경험할 수 있을 것입니다. 한 주 동안 모두 행복하시길 바랍니다.

과제 1　학습지도나 진로문제로 인해 올라오는 마음을 A1, A2로 다스리면서 자녀의 학습 및 진로에 대한 심리 파악하기

과제 2　내가 어린 시절 부모에게 받고 싶었던 마음, 말과 행동 자녀에게 해 주기

진행 Tip

과제를 제시할 때 실천 사례를 소개하면 도움이 됩니다. 다음 사례는 한 학부모가 자녀의 학습문제를 어떻게 마음다스림으로 풀어 나가는지 잘 보여 줍니다.

〈실천 사례〉

시험이 이틀 뒤라 시험 걱정하기도 모자랄 판인데 준비는 고사하고 무기력한 모습을 보이는 딸을 보니 한심하고 조급해졌다. 처음에는 공부 좀 하라고 조용히 말하다가 점점 소리가 커지고 나중에는 막말까지 하게 되었다. 시험기간만 되면 매번 반복되는 그런 상황이 답답하기도 하고 어떻게 해야 할지도 모르겠기에 '내 가슴에서 요동치는 이 불안한 마음은 도대체 무엇 때문인가?'에 대해 곰곰이 생각해 보게 되었다.

내 기준으로 아이가 공부를 잘하면 이 세상을 살아가기가 더 쉬운 게 우리나라 현실이니까 부모로서 당연히 공부하라고 요구할 수 있다고 생각했다. 그런데 나의 내면 깊은 속에는 자녀가 아닌 나를 위한 마음이 있음을 알게 되었다. 아이가 공부를 잘하면 그것이 내 얼굴이 되어 아이의 학교에 가서 자존심을 세울 수 있다는 생각, 그리고 아이들이 공부를 못해서 나중에 어렵게 살면 그걸 지켜봐야 하는 것이 얼마나 힘들까 하는 마음이었다.

그래서 우선 그 마음을 다스리는 연습을 했다. 순간순간 일어나는 내 의식들을 지켜보면서 아이들에 대한 다른 집착들, 내가 말해야 하는데, 내가 해 줘야 하는데…… 그리고 그런 마음과 함께 일어나는 의식들을 내려놓았다. 안 되면 또 하고 안 되면 또 하고 수없이 반복하였다. 놓아도 또 놓아도 끝없이 올라오는 의식들 때문에 초기에는 너무 힘들어서 많이 울었다. 그래도 더 이상 아이들에게 상처 주고 싶지 않았고 내 자신도 그 두려움에서 벗어나고 싶어서 열심히 했다.

다스림이 조금 익숙해질 때쯤 열심히 공부를 해도 하위권에서 벗어나지 못했던 큰아이에게 내가 하고 있던 마음 다스림 방법을 알려 주면서 같이 해 보자고 했더니 아이도 응해 주었다. 아이와 저녁에 자기 전, 아침에 일어났을 때, 큰아이와 작은아이 모두 같이 했다. 그동안 집중을 못하고 이해력이 떨어져서 무력감에 빠졌던 큰아이가 50~60점 맞던 과목에서 처음으로 95점을 받았다. 처음에는 큰아이가 어리둥절해했지만 그 이후로 성적이 떨어지지 않게 되자 스스로 학습능력에 자신감을 갖기 시작했다. 더 좋은 건 마음 다스리는 방법을 자신의 생활 전반에 적용을 하기 시작한 것이다.

둘째는 첫째와 달리 공부를 잘한다. 그렇지만 자기가 하고 싶은 일이 있으면 완벽을 추구할 만큼 적극적인데, 학습에 대해서는 자기 머리를 믿고 노력을 하지 않았다. 성적이 좋게 나오는 둘째가 상위권에서 떨어질까 걱정되어 잔소리를 하다 보니 계속 부딪쳤었는데, 내 마음 다스리는 실천을 하면서부터 아이가 하는 대로 내버려 두고 무조건 내 마음만 다스렸다. 어느 날, 아이가 그동안 한 번도 받아 본 적이 없는 낮은 점수를 받고는 큰 충격을 받았다. 이후 "공부해라, 숙제해라."라는 말을 안 해도 지금은 스스로 알아서 열심히 한다.

만약 내가 여전히 내 마음을 다스리지 못하고 아이들을 다그치고만 있었다면 지금 무엇이 바뀔 수 있었을까?

행복한 학부모를 위한 마음공부 – 2차시

학부모프로젝트

실천 나누기

1. 나와 자녀를 불편하게 하는
   말과 행동 STOP!

2. 마음노트 쓰기

이유가 있을 거야

- 나의 말과 행동 바로 보기
- 자녀 입장 되어 보기

마음을 다스리는 A1

: 이것은 좋은 것도 싫은 것도 아니다!

- A는 Awareness, 자각. 자기의 마음을
  알아차리고 다스린다는 의미로 사용

- '좋은 것도 싫은 것도 아니다.'는
  옳고 그름/ 높고 낮음/ 잘하고 못함/
  '밉다, 곱다' 등의 분별을 의미

마음을 다스리는 A2

: 입력된 것이 나오는 것이다!

- 내 앞에 괴로움이나 즐거움이 오는
  이유는 입력되었기 때문에 나오는 것

마음으로 읽는 글

- '좋다, 싫다' 하는 분별이 자기를
  막아 놓습니다.
- 입력된 대로 나오는 것뿐입니다.

실천해 봐요

1. 학습지도나 진로문제로 인해 올라 오는 마음을 A1, A2로 다스리면서 자녀의 학습 및 진로에 대한 심리 파악하기

2. 내가 어린 시절 부모에게 받고 싶었 던 마음씀, 말과 행동 자녀에게 해 주기

주인공으로 살아요

3차시 주인공으로 살아요

이번 차시의 주제는 '**주인공으로 살아요**' 입니다. 지난 2차시에 걸쳐 자신의 마음을 살피고 다스리는 실천을 했지만, 자기 마음을 마음대로 쓰며 살아간다는 것은 쉽지 않습니다. 그래서 이번 차시에서는 내가 어떤 존재인지 좀 더 깊이 탐색해 보려합니다. '나는 누구인가?' 하는 질문을 스스로에게 던져 보는 것이지요. 나라는 존재가 스스로 생각했던 것 이상의 존재임을 이해하면 자녀 또한 그러함을 알게 될 것입니다. 이를 바탕으로 나도 자녀도 삶의 주인공으로 살아가는 방법을 배우게 됩니다.

🛈 진행목표

- 나는 누구인가에 대해 탐색한다.
- 마음을 다스리는 방법 A3, A4에 대해 이해한다.

🛈 진행흐름

흐름	활동	시간(120')	준비
실천 나누기	• 실천 내용과 소감 공유	45'	워크북
주인공으로 살아요	• 당신은 누구십니까 • 나는 주인공입니다	40'	ppt, 워크북
마음을 다스리는 A3, A4	• A3, A4 • 나의 입출력 장치	20'	ppt, 워크북 영상자료 '나의 실상'
마음으로 읽는 글	• 주인공은 무한량의 에너지, 능력입니다 • 모두가 고정됨이 없습니다 • 무조건 놓으면 무조건 없어집니다	10'	워크북
실천해 봐요	• 실천과제 안내	5'	ppt, 워크북

실천 나누기

한 주 실천한 내용을 나누는 활동이다. 팀활동이 끝나면 다른 팀은 어떠했는지 2~3명의 실천사례와 소감을 듣는다.

멘트 반갑습니다. 한 주 동안 편안하셨나요? 어린 시절 받고 싶었던 사랑을 자녀들에게 맘껏 베푸셨습니까? 나를 다스리는 실천은 어떠셨나요? 오늘 주제를 진행하기 전에 지난주 과제를 어떻게 실천했는지 나누면서 서로 배우는 시간을 갖겠습니다. 실천이라는 것은 행한다는 게 중요하지 잘하고 못하고가 없습니다. 실천이 잘되었으면 잘된 대로 어려웠으면 어려운 대로 다 배울 점이 있습니다. 편안한 마음으로 이야기 나누시기 바랍니다.

〈실천 사례 1〉
일주일 동안 나의 습관적인 말, 행동이 뭐가 있나 주의를 기울였다. 아들, 딸에게 "했니?" 라고 묻고 오다가다 아이들 방을 들여다보는 행동, 하루에 여러 번이다. 아이들이 얼마나 갑갑했을까 하는 생각에 미안한 마음도 들지만, 학생의 본분을 잃고 있는 게 아닌가 하는 생각에 나의 그런 말과 행동을 지극히 당연시했다. 나는 여지껏 어느 누구에게도 구속받지 않고 자유롭게 내 마음대로 산 것에 비해, 우리 아이들은 그렇지 못한 것 같다. 내가 사랑하는 아이들인데 자유인이어야지, 자유로운 삶을 누려야지.

〈실천 사례 2〉
많은 일들이 있었다. 아버지가 병원에 입원하셨다는 문자를 받고 지켜보는 것을 잊어버렸다. 병원에 있던 언니가 오지 말고 대신 마음을 잘 내라고 했다. 처음에는 불안감이 사라지지 않아서, '이것은 좋은 것도 나쁜 것도 아니다. 내가 그동안 아빠를 볼 때마다 들었던 불안감이 나온 것이다. 아프지 않게 한마음에서 이끌어.' 하며 마음을 많이 내었다. 점차 불안한 마음이 바뀌며 한결 가벼워졌다. 집에 돌아와 아이들과 남편과 부딪치며 STOP을 할 때 지난주와는 많이 달라져 있음을 느꼈다. STOP 한 다음 A1, A2에 맞춰 다스리다 보니 뭔가 방법을 찾은 느낌이랄까, 숙제를 다한 느낌이 들었다. STOP만 하고 있을 때에는 상대의 얼굴을 피해야 했는데, 이제는 화도 덜 나고 당당하게 아이의 눈을 보며 속으로 마음을 다스린다.

〈실천 사례 3〉

"엄마, 옷을 옷장에 넣으셔야죠! 밖에 놓으시니까 내가 엄마 닮아서 안 치우는 거잖아요. 할 말 없으시니 침묵하시는 거죠? 내일부턴 꼭 옷장에 넣으세요. 꼭이요!" 큰딸에게 듣는 말이 무겁게 다가온다. 그랬구나, 내가 만들어 놓은 거니 나부터 실천해야지, 그래야지, 네가 문제가 아니라 내가 잘못한 거니까. 안으로든 밖으로든 자꾸 치워 내야지…….

주인공으로 살아요

멘트   지난 2주 동안 실천해 보셨지만 내 마음을 마음대로 쓰는 게 잘 안 되지요? 내가 누군지 잘 모르기 때문입니다. 그래서 이번 주에는 '나는 누구인가?'에 대해 좀 더 깊이 생각해 보는 시간을 가지려 합니다. 그러다 보면 마음을 마음대로 쓴다는 게 어떤 의미인지 알게 될 것입니다. 그리고 내가 이해한 만큼 자녀교육에도 도움이 될 것입니다. 먼저 내가 생각하는 나는 무엇인가를 확인해 볼 수 있는 게임을 해 보겠습니다.

◉ 당신은 누구십니까

나는 누구인가에 대한 탐색활동이다. 질문과 답변을 반복하면서 스스로에 대해 느끼도록 충분한 시간을 준다. 활동이 끝나면 다 같이 소감을 공유한다.

〈게임방법〉

※ '당신은 누구십니까?' 게임으로 질문과 답변을 노래형식으로 진행한다. 답변을 할 때는 자신이 생각하는 나에 대해 말한다. 질문자는 상대가 생각을 충분히 해서 답변할 때까지 기다려 주도록 안내한다.

① 두 사람이 짝이 되어 마주 보고 앉는다.
② 질문과 답변을 노래의 형식으로 주고받는다. 질문자는 "당신은 누구십니까?", 답변자는 "나는 ~입니다."
③ 서로 번갈아 가면서 질문과 답변을 한다. 진행자가 활동을 종료할 때까지 반복한다.

진행 Tip

게임으로 시작하지만 진지한 자기성찰이 되도록 분위기를 유도합니다. 처음에는 장난스럽고 어색하게 느끼기도 하지만 계속 반복하다 보면 진지해집니다. 그리고 '내가 너무 많다.' 또는 '내가 누구인지 모르겠다.' '나에 대해 생각해 본 것이 별로 없다.' 등의 소감을 말씀하십니다.

◉ 나는 주인공입니다

　게임을 하면서 나는 누구인가에 대해 탐색한 내용을 정리해 보는 활동이다. 교육생의 자기정리가 끝나면, 진행자는 자료를 제시하여 나는 누구인가에 대해 함께 정리하는 시간을 갖는다. 영상자료 '나의 실상'을 보며 활동을 마무리한다.

　멘트　게임을 하시면서 내가 누구인지에 대해 생각해 보셨을 겁니다. 그런데 게임하면서 대답한 내용들이 정말 나일까요? 말로 표현하자니 내가 너무 많죠? 그래서 이제부터 활동지를 작성하면서 '나는 누구인가' 에 대해 좀 더 선명하게 정리하는 시간을 갖도록 하겠습니다.

〈활동지 양식 - 나는 누구인가?〉

※ 1, 2번까지만 작성하세요.

　1. '당신은 누구십니까?' 게임에서 내가 대답한 내용을 써 보세요.

　2. 위에 표현된 '나'를 내용이 비슷한 것끼리 묶어서, 세 가지로 분류해서 써

　　　보세요.

　　　－

　　　－

※ 나에 대한 정리

　멘트　살아가면서 상황에 따라 그 천차만별의 반응과 역할을 자연스럽게 할 수 있는 나는 누구일까요? 게임과 활동지를 통해서 이해하셨듯이, 나는 몸과 마음 그리고 생명력의 삼합으로 이루어진 존재입니다. 내가 몸과 마음을 가지고 상황에 따라 천차만별로 반응하고, 역할을 자연스럽게 할 수 있는 것은 근본인 생명력이 있기 때문에 가능합니다. 그런데 그 생명력은 나의 몸과 마음을 움직이는 실제 주인이면서도 보이지 않습니다. 그래서 주인공(主人公)이라 부릅니다. 마치 나무가 자기 뿌리를 볼 수는 없지만 그 뿌리가 있어 살 수 있듯이 말입니다.

　그래서 진짜 나는 주인공이고, 무한한 에너지로 무한히 변화할 수 있는 힘을 가지

고 있습니다. 그렇기 때문에 그 어떤 모습도 나라고 고정시킬 수 없습니다. 그게 바로 나의 중심 주인공입니다. 우리는 지난주에 내 앞에 어떤 상황이 오더라도 중심을 잡아야 흔들리지 않는다는 이야기를 나누었습니다. 예를 들어, '나는 주인공으로서 지금 내 앞에 주어진 학부모역할을 하고 있다.'라고 중심을 잡는 것이지요. 그래야 당황하지 않고 주어진 상황을 객관적으로 볼 수 있는 여유가 생깁니다. 자신에게 가만히 들려주세요.

"나는 주인공이다, 나는 고정된 존재가 아니다. 그래서 내가 원하는 대로 나를 조절하며 살 수 있다. 마찬가지로 우리 아이도 주인공이다. 내가 우리 아이를 진실로 믿는다는 것은 지금 눈에 보이는 모습을 믿는 게 아니다. 우리 아이의 무한한 잠재력을 지닌 근본을 믿는다는 것이다."

자료 1 나는 누구인가

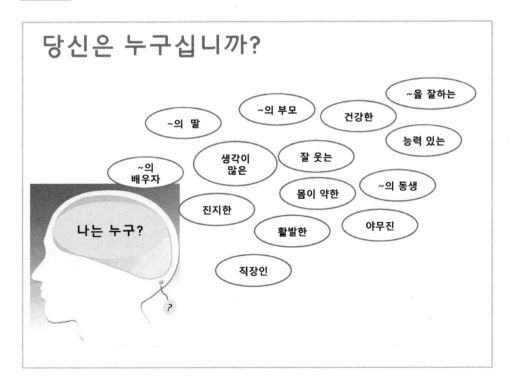

자료 2 나는 주인공이다

나는

몸이 있고,

수많은 **의식**(성격, 기억, 생활정보, 관념 등)이

입력되어 있고 또 입력할 수 있으며,

고정됨 없이 다양한 역할을 할 수 있는 존재다.

- **몸** = 지수화풍(地水火風) = 에너지 = 변화한다(空)
- **의식**(마음) = 정보 = 에너지 = 고정되지 않음(空)
- 몸과 마음을 존재하게 하는 생명력(전력, 자력, 광력, 통신력)
  = 에너지 = 고정되지 않음(空)

나는 생명의 근본(에너지)으로 인해 고정됨이 없이

살아가는 존재다. 그래서 주인공(空)이다.

모두가 생명의 근본이 있다. 모두가 주인공이다.

마음을 다스리는 A3, A4

멘트   지난주에 마음을 다스리는 실천방법 A1, A2를 안내해 드렸습니다. 오늘은 그 나머지 두 가지를 소개하겠습니다. 지난 시간에 나의 자각을 통해 일단 마음의 출렁임을 멈추었다면 이번에는 그 의식을 어떻게 바꾸느냐 하는 방법이 필요하겠지요.

세 번째 방법 A3는 입력된 의식들이 고정됨이 없는 주인공 자리에서 나온 것임을 알아차리는 것입니다. 입력되어 있으니 나온 것이고, 그것이 고정된 것이 아니라는 것이죠. 고정된 것이 아니면 바꿀 수 있는 것입니다.

네 번째 방법인 A4는 무조건 나온 자리에 재입력하는 것입니다. 컴퓨터에 입력이 잘못되었을 때 지우고 새로 입력하듯이, 우리도 컴퓨터와 같기 때문에 나온 의식들을 새롭게 굴려서 재입력시키는 것입니다. 예를 들어, 화나는 의식이 나오면 "화나지 않는 마음이 나오게 하는 것도 주인공 너지!"라고 굴려 놓습니다. 그리고 '무조건' 굴려 놓아야 하는 이유는, 될까 안 될까, 이렇게 해야 되지 않을까 하며 조건을 따지기 시작하면 굴려 놓기가 어렵기 때문입니다.

방법   1. A3 – 고정됨이 없는 주인공!

2. A4 – 무조건 굴려 놓자!

① 잘된 것은 감사함으로 굴려서 자기 근본에 되놓는다.

(예: "주인공, 이렇게 된 것도 그 자리에서 나오는 거지, 감사해.")

(예: "나의 근본, 이렇게 잘 돌아가게 해서 감사해.")

② 안 되는 것은 "나의 진정한 주인공만이 해결할 수 있어." 하고 자기 근본에 다시 놓는다.

(예: 답답한 게 나올 때 "답답한 것도 근본에서 나오는 거니 그 자리에서 해결하기를 발원합니다.")

(예: "답답한 것도 주인공의 작용이니, 답답하지 않게 작용할 수도 있잖아.")

③ 어떻게 해야 할지 모를 때는 "어떻게 해야 하는지 알게 해."하고 자기 근본에 굴려 놓고 지켜본다.

(예: "모두가 연결되어 있으니 지혜로운 답이 나오게 해.")

멘트   우리 모두가 마음과 마음으로 연결되어 에너지와 지혜를 주고받으며 살고 있습니다. '지혜로운 근본자리에서는 모든 것을 다 알고 있으니 거기서만이 잘 이끌어 줄 수 있어.'라고 하면 모두에게 이롭게 돌아가게 되어 있습니다. 그렇게 믿는 마음이 정말 중요합니다.

마음을 굴려 놓는 것과 그렇지 않을 때 어떤 차이가 있는지 우리 뇌의 입출력 구조를 살펴볼까 합니다. 그리고 그 입출력 장치를 생활에서 바로 쓸 수 있는 방법이 바로 지난주와 이번에 제시한 마음을 다스리는 A4입니다. 왜 그렇게 되는지 생각해 보시면서 함께 보겠습니다.

자료   나의 입·출력 장치

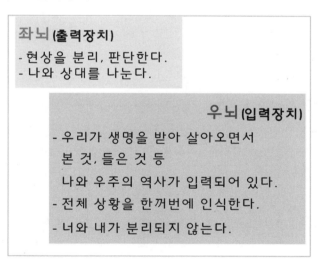

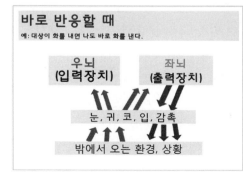

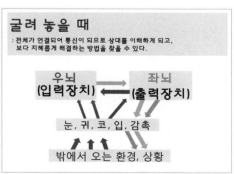

진행 Tip

마음을 굴려 놓았을 때, 실제로 어떻게 상황이 바뀌어 가는지 사례를 들어 이해를 돕습니다.

〈사례 1〉 사회성이 지나치게 낮은 자녀

아이가 어릴 때부터 남과 어울리지 못하고 자기만의 세계에 빠져 지낸다. 초등학교에 들어가서도 친구도 없고, 같이 놀자는 말도 못한다. 혼자 책만 읽고 운동능력도 많이 떨어진다. 도서관 귀퉁이에 혼자 앉아 있는 아이를 데리러 갈 때마다 가슴이 많이 아팠다. 그래서 아이를 위해 매일 걱정스러운 마음이 들 때마다 깊은 마음속을 향하여 '이 아이가 자기만의 세계에서 빠져나와 세상 사람들과 잘 어울리게 해.'라고 마음을 낸 시간들……. 이제는 놀이터에서 친구가 있든 없든 잘 놀고 있는 아이를 데리러 간다. 그리고 아이가 맘껏 놀도록 시간을 정해 기다려 준다. 친구에게도 같이 놀자고 먼저 말할 수 있게 되었고, 수업시간에도 산만함 대신 놀라운 집중력을 보여 주어 선생님을 흐뭇하게 하고 있다.

〈사례 2〉 내 아이를 우리의 아이로 굴려 놓아 자녀와의 갈등을 줄임

내 얼굴에는 자식과의 관계가 잘 나타난다. 아들이 웃는 날은 동료들이 "오늘 꽃이네요, 꽃."이라고 할 정도로 종일 기분 좋게 보내고, 아들이 우울해하면 나도 그렇게 된다. 활발한 성격으로 나의 마음을 살펴 주던 아이가 사춘기가 되면서 많이 바뀌었다. 항상 내 뜻을 따라 주던 아이가 달라지면서 내 마음이 괴로워졌다. 왜 그럴까? 생각해 보니 아이를 내 자식, 내 것이라고 붙잡고 있었기 때문이었다. 그래서 '아들이 왜 내 아들인가? 모두 한마음이니 모두의 자식이지, 모두의 자식이니 그 아이가 필요한 게 있으면 모두가 도와줄 것이다.'라고 내 마음을 굴려 보았다. 내 의식을 그렇게 바꾸고 난 뒤 둘 다 달라졌다. 나는 나대로 항상 아들에게 가 있던 마음이 줄어들어 내 일을 더 열심히 할 수 있었고, 아들의 행동이나 태도에 대해 편안하게 반응하게 되었다. 내 아들을 우리의 아들로 놓아 주니 아들은 예전의 활발함을 찾아가면서 스스로 핸드폰 사용을 조절하고 자기가 해야 할 일을 하면서 보낸다. '아이가 이러면 어쩌지? 저렇게 하면 어떡하지?' 하는 나의 마음을 아들이 행동으로 계속 보여 주고 있었다는 것을 느끼면서 부모와 자식은 누구보다 통신이 잘된다는 생각을 하게 된다.

마음으로 읽는 글

멘트 나를 다스리는 A3, A4를 이해하는 데 도움을 주는 글입니다. 함께 읽어 보
겠습니다.

주인공은 무한량의 에너지, 능력입니다

우리는 마음의 근본인 자기의 영원한 생명이 있기 때문에 마음을 낼 수가 있고,
낼 수 있기 때문에 육신이 움직일 수가 있고 또는 상대방에게 내 마음을 전달할 수
도 있고, 지혜로운 마음을 비춰 줄 수도 있고, 같이 모이면서 헤어지고 헤어지면서
모이는 이러한 진리를 우리가 세세히 알 수가 있는 것입니다. 한 분 한 분 영원한
생명의 근본이 없는 사람이 하나도 없습니다.

영원한 생명의 근본이 불성이라면 그 생명의 근본은 전체에 같이 돌아가는 평등
한 진리입니다. 나의 근원이면서 동시에 일체 만물의 근원과 통합니다. 나를 형성
시킨 것도 그것이요, 나를 이끌고 가는 것도 그것입니다. 보이지 않으나 내가 마음
을 내고 말하고 보고 듣고 움직이고 생각하는 일체의 행동을 하게 하는 것도 그것
입니다. 그것을 옛 선사들께서는 일심(一心), '주인공'이라고도 표현했습니다.

'주인공'은 근본에너지이니 참 주인이요, 그로부터 나온 만물이 하나도 고정된
게 없이 공(空)했다는 뜻으로 쓰입니다. 현상계의 모든 것은 맞물려 돌아갑니다.
이것이 있으면 저것이 있습니다. 생과 사, 남과 여, 선과 악, 높은 것과 낮은 것, 동
과 서 등등 따로 있는 게 아닙니다. 현상계에는 고정불변의 어떤 실체가 있는 것이
아닙니다. 다만 한마음 주인공이 개별적인 하나로가 아니라 포괄적인 하나로 돌아
가고 있을 뿐입니다. 그러므로 공했다고 하는 것입니다. 일체는 본래 공하여서 잠
시도 쉴 사이 없이 나투며 돌아가고 있을 뿐입니다.

그러므로 '주인공!' 하면 거기엔 그대로 일체 만물이 다 포함되고 삼세가 하나로
녹아듭니다. 내어놓을 수도 쥘 수도 없지만, 이 우주의 광대무변한 이치가 다 포섭
되며 물질계와 정신계의 모든 능력이 다 함께합니다. 그러니 그 주인공은, 즉 말하
자면 어떻게 말로 다 표현할 수 없으니까 전체가 합쳐진 그것을 용광로라고도 하
고 자가발전소라고도 하고 여러 가지로 표현을 했습니다. 주인공은 무한량의 에너
지, 무한량의 능력일 뿐 쓰고 안 쓰는 것은 각자의 마음이 하기 나름입니다.

모두가 고정됨이 없습니다

우리는 때로 '무슨 죄가 많아서 이 세상에 나와 이렇게 고통스럽게 사나?' 하고 생각하시죠? 그러나 그게 아니에요. 여러분뿐만 아니라 축생이나 아귀나 모든 미생물까지도 이 세상에 태어났으면 이미 그렇게 살게 돼 있어요. 그런 걸 왜 한탄을 합니까? 그러나 거기에서 지혜가 있고 능가할 수 있는 폭이 넓으면 좀 낫게 지내고, 폭이 좁고 그릇이 작으면 아주 피곤하게 살고 이것뿐이지요. 그러니까 벗어나라 하는 거 아닙니까. 죄가 있어서 그런 게 아니에요.

여러분의 마음이 그런 게 아니라 몸 속의 의식들이 모두가 얽혀서 마음을 통해서 자꾸 나오기 때문에 거기에 속아서 자꾸 집착을 하게 되고, 욕심을 부리게 되고, 또 그걸 버리지 못하고, 그런 생각으로 따라가기 때문에 그 생각대로 현실에 나오는 것뿐입니다. 그래서 나는 이렇게 말하고 싶습니다. 그 생각에 의해서 팔자 운명을 버리지 못한다고요. 팔자 운명을 자기가 좌우하는데 그거를 버리지 못하고 그 생각 때문에 어렵게 산다고요.

이걸 명심해서 가만히 생각해 보세요. 여러분이 잘못하고 업(業)이 있어서 그러는 게 아니라, 그리고 내가 전자에 어떤 업을 지어서 이렇게 애를 쓴다 이런 생각도 마셔야 합니다. 잘못해서 업이 아니라 사람이 살아가는 도리가 업이에요, 그냥. 업적이란 얘깁니다, 회사에 30년을 다닌 업적이 있다, 농사를 30년을 지은 업적이 있다, 박사학위까지 딴 업적이 있다, 이런 업적이요. 그것이 죄라서 업적이라는 게 아니고 살아 나가는 게 그냥 업적이에요. '우리가 70년을 사는 동안 업적이 생겼다.'라고 생각하는데 그 업적이란 것조차도 없어요. 왜냐? 여러분이 공해서 없거든요. 내가 없는데 뭐가 거기 업적이 있고 업이 붙고 그러겠어요? 아무것도 없죠. 그러니까 내가 공해서 없다는 거, 그 없다는 이유는 뭔가? 한번 말했다 하면 바로 즉시 과거로 돌아가고, 또 다른 말할 때는 바로 미래로 향해서 가는 거란 말입니다. 그러니 한 찰나 전, 한 찰나 후가 되죠. 우리는 찰나 찰나 화(化)해서 변화하고 나투면서 끊임없이 이어 갑니다. 나투는 것은 움죽거린다는 뜻입니다. 이거 봤다가 저거 보고 하는 그 움죽거림, 나툴 뿐 장애되는 게 하나도 없다고 봅니다. 그런데 여러분의 마음이 그렇지 못해서 걸리는 것이 아니겠습니까?

무조건 놓으면 무조건 없어집니다

모든 것은 마음이 지은 것입니다. 우리 한국의 위대한 스승 원효대사는 마음이 일어나니 온갖 것들이 따라서 생겨나고, 마음이 사라지니 온갖 것 또한 사라진다고 말씀했습니다. 마음은 보물 창고와 같습니다. 마음은 우주를 간직하고도 남습니다. 또한 마음은 겨자씨도 용납하지 않을 수 있습니다. 마음은 번개 빛보다 빠릅니다. 모든 것은 한 마음의 나타남입니다. 그리고 마음의 근원은 샘물과도 같습니다. 이 맑은 샘물에서 온갖 것들이 생겨납니다. 모든 것은 한마음에서 나와서 한마음으로 돌아갑니다. 그래서 원효대사는 한마음(一心)을 강조했고, 한마음의 근원은 맑은 샘물과 같아서 '있다' '없다'를 떠나서 뚜렷이 청정하며, 진리와 삶이 서로 어우러지고 욕심과 함께 하더라도 욕심을 떠나 고요하다고 말했습니다. 나와 네가 어우러지고, 나와 물, 바람, 꽃들이 함께 어울리며, 저마다의 모습을 드러냅니다. 요즘 뇌과학이 발달되어 있습니다. 뇌과학에서는 마음이 움직이면 뇌를 움직이고 뇌가 움직이면 육체가 움직인다고 말합니다. 그래서 우리가 마음을 잘 쓰고 활용하면 육체적으로 건강해지고 창의력도 개발되며 행복해집니다.

그런데 한마음은 우리들의 생각으로는 파악할 수가 없습니다. 생각으로 이렇다 혹은 저렇다고 헤아리고 분별하는 순간 본래 모습은 자취를 숨기고 맙니다. 헤아리는 생각에는 자기중심적인 '나'라는 고정관념이 살아있기 때문입니다. 그래서 한마음자리에 들어가려면 우리들의 생각을 쉬고, '나'라는 집착을 버리고 무조건 내려놓아야 합니다. 즉, 주인공 자리에 놓아야 한다는 말입니다. 그렇게 믿고 내려놓고 맡기면 자연의 순리에 따라 오히려 왕성하고 번성하며 그치지 않고 이어집니다. 서로서로 통하고 어우러지며 조화로운 하나가 되니 자연스럽게 소통이 됩니다. 게다가 한마음은 마치 용광로와 같아서 그 근본자리에 놓고 텅 비우면 모든 원망, 고통, 갈등, 집착 등이 사라지고 녹습니다. 무조건 놓으면 무조건 해결됩니다.

실천해 봐요

멘트 지난 2주에 걸쳐 마음을 다스리는 방법 네 가지를 소개하였습니다. 이 A4는 처음 마음공부를 하시는 분들이 마음 다스림을 훈련하기 좋은 방법입니다. 그러나 그중에 실천이 잘되는 것이 있고 아직 이해되지 않는 내용도 있을 것입니다. 잘되는 것부터 해 나가시다 보면 차츰 그다음 내용이 이해가 됩니다. 그러니 꼭 순서대로 실천하실 필요는 없습니다. 예를 들어, A1만 꾸준히 해 보셔도 됩니다. 어느 분은 남편에게 화가 났을 때 빨리 그 자리를 떠나서 '이것은 좋은 것도 나쁜 것도 아니다.' 만 20번을 혼자 되뇌었다고 합니다. 그렇게 하는 동안 마음이 가라앉았고 왜 화가 났었는지조차도 잊어버렸다고 합니다. 그래서 이번 주부터는 A4를 생활에서 익힐 수 있도록 과제를 드리겠습니다.

과제 1 **생활하면서 내 앞에 닥치는 일들을 A4로 굴려 놓기**

과제 2 **스킨십하며 자녀를 위한 마음 내주기**

① 아침이나 저녁에 자녀의 머리나 어깨 등을 쓸어 주며 좋은 마음을 낸다.
② 자녀와 통신이 됨을 믿고, 따뜻한 마음으로 사랑이 담긴 말을 한다.

> 진행 Tip
>
> 두 번째 과제는 교육생들을 가장 행복하게 해 주었던 내용입니다. 처음에는 익숙하지 않아 어색해하지만 꾸준히 하다 보면 자녀와 부모가 함께 행복해지는 실천이므로 꼭 활용합니다.

행복한 학부모를 위한 마음공부 – 3차시

학부모프로젝트

실천 나누기

1. 학습지도나 진로문제로 인해
   올라오는 마음을 A1, A2로 다스리기
2. 자녀의 학습, 진로에 대한 심리 파악하기
3. 내가 어린 시절 부모에게 받고 싶었던
   마음씀, 말과 행동을 자녀에게 해 주기

주인공으로 살아요

- 당신은 누구십니까
- 나는 주인공입니다

당신은 누구십니까?

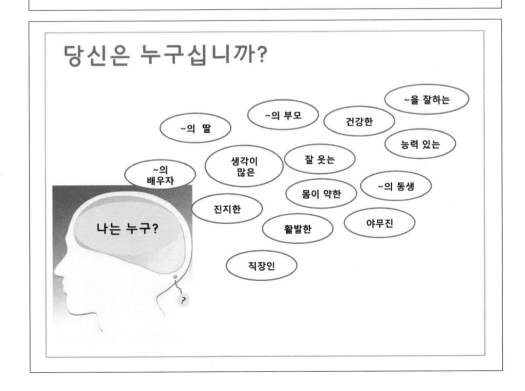

나는
몸이 있고,
수많은 의식(성격, 기억, 생활정보, 관념 등)이
입력되어 있고 또 입력할 수 있으며,
고정됨 없이 다양한 역할을 할 수 있는 존재다.

- **몸** = 지수화풍(地水火風) = 에너지 = 변화한다(空)
- **의식**(마음) = 정보 = 에너지 = 고정되지 않음(空)
- **몸과 마음을 존재하게 하는 생명력**(전력, 자력, 광력, 통신력)
          = 에너지 = 고정되지 않음(空)

나는 생명의 근본(에너지)으로 인해 고정됨이 없이
살아가는 존재다. 그래서 주인공(空)이다.
모두가 생명의 근본이 있다. 모두가 주인공이다.

마음을 다스리는 A3, A4

A3: 고정됨이 없는 주인공!

A4: 무조건 굴려 놓자!

- 잘된 것은 감사함으로 굴려 놓는다.
- 안 되는 것은 '주인공만이 해결할 수 있어.'
  하고 자기근본에 다시 놓는다.
- 어떻게 해야 할지 모를 때는
  '어떻게 해야 하는지 알게 해.' 하고
  자기근본에 굴려 놓고 지켜본다.

좌뇌 (출력장치)

- 현상을 분리, 판단한다.
- 나와 상대를 나눈다.

우뇌 (입력장치)

- 우리가 생명을 받아 살아오면서
  본 것, 들은 것 등
  나와 우주의 역사가 입력되어 있다.
- 전체 상황을 한꺼번에 인식한다.
- 너와 내가 분리되지 않는다.

바로 반응할 때

예: 대상이 화를 내면 나도 바로 화를 낸다.

우뇌
(입력장치)   **좌뇌**
                (출력장치)

눈, 귀, 코, 입, 감촉

밖에서 오는 환경, 상황

굴려 놓을 때

: 전체가 연결되어 통신이 되므로 상대를 이해하게 되고,
보다 지혜롭게 해결하는 방법을 찾을 수 있다.

우뇌
(입력장치)　　　좌뇌
　　　　　　　(출력장치)

눈, 귀, 코, 입, 감촉

밖에서 오는 환경, 상황

나의 실상

마음으로 읽는 글

- 주인공은 무한량의 에너지, 능력입니다.
- 모두가 고정됨이 없습니다.
- 무조건 놓으면 무조건 없어집니다.

실천해 봐요.

1. 생활하면서 내 앞에 닥치는 일들을 A4로
   굴려 놓기
2. 스킨십하며 자녀를 위한 마음 내주기

   ① 아침 / 저녁에 자녀의 머리나 어깨 등을 쓸어 주며
      좋은 마음을 내기
   ② 자녀와 통신이 됨을 믿고, 따뜻한 마음으로
      사랑이 담긴 말해 주기
   ③ '주인공, 아이가 자기 할 일을 스스로 할 수 있게
      해.' 하고 마음을 내기

4차시

쉼

이번 차시의 주제는 '**쉼**'입니다. 지난 3회에 걸쳐 현재 살고 있는 모습을 돌아보고 '나는 누구인가'에 대해 탐색하였습니다. '참다운 나'는 내면의 무한한 근본 에너지로 끊임없이 변화하는 자유로운 주인공임을 알게 되었습니다. 그래서 이 시간에는 그동안 입력시켜 온 고정된 내면의식들을 내려놓고 마음의 쉼을 느껴 보는 활동을 합니다.

ⓘ 진행목표

• 나의 고정된 내면의식들을 자각하고 굴려 놓는다.

ⓘ 진행흐름

흐름	활동	시간(120')	준비
실천 나누기	• 실천 내용과 소감 공유	50'	워크북
쉼	• 마음 길 탐색하기 • 바라는 마음 • 마음 길 내려놓기	55'	ppt, 워크북
마음으로 읽는 글	• 내 기준으로 보지 마세요	10'	워크북
실천해 봐요	• 실천과제 안내	5'	ppt, 워크북

실천 나누기

한 주 동안 실천한 내용을 나눈다. 팀활동이 끝나면 전체가 함께 공유하는 시간을 갖는다. 진행자가 자신의 실천 사례를 소개하는 것도 좋다.

멘트   반갑습니다. 일상생활에서 내 앞에 닥치는 일들을 '마음을 다스리는 A4'로 굴려 놓는 실천은 어떠셨나요? 실천의 횟수가 많아질수록 조금씩 변화가 있지요? 지금까지 자주 쓰던 '~해, 빨리, 안 돼, 왜 아직도~' 등의 말이 '~해 줄래? 괜찮아, 그래? 와우! 힘들겠다, 사랑해!' 등으로 바뀌시는 분들이 계실 겁니다. 아직 변화가 없으신 분들도 서서히 발전이 있을 겁니다. 그럼 한 주 동안 어떻게 지내셨는지 나누면서 서로 배우는 시간을 갖겠습니다.

〈실천 사례 1〉
　이번 주에는 바쁜 일이 많았다. 시어머니가 많이 편찮으셔서 한의원에 모시고 다녔다. 남편은 출장을 갔고, 아들은 아파서 학교를 쉬었고, 그 와중에 딸은 친구를 데리고 와서 지냈다. 예전 같으면 신경이 날카로워지고 짜증이 날 상황이었지만 그래도 큰 소리 나지 않고, 아이들에게 화내지 않고 지낼 수 있었던 건 내 마음을 다스린 덕분이다. 같은 말이라도 일단 STOP! 하고 감정을 싣지 않고 말하는 것, 감정이 올라올 때 A4를 빨리 떠올리고 맘속으로 굴리는 것, 크게 감정이 올라올 때는 잠시 자리를 뜨는 것, 이렇게 세 가지를 지키는 게 큰 도움이 되었다. 그리고 이번 주에는 아이들의 말에 귀 기울이고, 그 순간에 집중하는 것을 더 연습해 보았다. 가장 큰 차이는 아이들의 행동이나 말보다는 나 자신의 감정과 말, 행동에 더 주의를 기울였다는 것이다. 모든 원인을 나에게서 찾는 연습이라고 생각했다. 마음의 초점을 아이들에게서 나에게로 옮기니 감정을 컨트롤하는 것이 더 쉬워졌다.

〈실천 사례 2〉
　어제에 이어 남편도, 아이들도 나를 무척 힘들게 했다. 내가 잔소리를 하지 않으니 남편의 잔소리가 는다. 그런 아빠를 피해 아이들이 나에게 오니 이중으로 힘들다. A4로 자꾸 굴려 놓는데 아직은 참는 것과 마음다스리기의 중간 단계에 있는 듯하다. 잔소리하고 화를 내는 것이 더 익숙하고 빠르지만, 그러지 않으려고 죽을힘을 다하고 있다. 익숙한 습관처럼 언젠가는 마음을 다스리는 게 더 자연스럽고 편할 날이 올 것이다.

〈실천 사례 3〉

　요즘 아이가 빠져 있는 TV 프로그램을 컴퓨터로 매일 본다. 내용을 외울 정도로 보면서도 가족들과 같이 밥 먹자는 부모의 말은 귓등으로 흘려보내는 게 매일 반복되었다. 실망스러움에 지난날들이 스쳐 간다. 나를 무시한다는 생각이 떠오르면서 순식간에 컴퓨터를 강제 종료시키고 말았다. 조금만 더 조율해 보면 좋았을 거라는 후회가 밀려왔고 그렇게 행동한 자신이 부끄러웠다. 서로의 감정을 헤집어 놓고 오늘 하루를 마감하는가 싶어 자책하고 있을 때, 아이가 독백하듯 자기 이야기를 쏟아 냈다. 왜 인터넷을 하는지, 친구들 이야기, 가족 이야기……. 듣다 보니 미안하고 가슴이 아팠다. '심심하다' '외롭다'는 표현을 쓴다. 어릴 때 채워 주지 못한 결손이 어느 정도 자란 지금에 와서 발목 잡는 기분이었다. 이제는 다그치지 않고 손 내밀면 잡아 주고 기다려 주면서 외롭지 않게 해 주어야겠다는 생각이다. 부딪침이 있기에 드러난 문제이니 잘 해결하게 해, 주인공!

쉼

멘트 　오늘 주제는 '쉼'입니다. 보통 쉬고 싶다 할 때는 몸을 쉬면서 편안하고 싶다는 뜻으로 생각합니다. 그런데 사실 몸은 쉬어도 마음이 쉬지 않으면 계속 뭔가 불편합니다. 반대로 마음이 편안하면 몸이 바빠도 견디기가 수월합니다. 마음이 쉬지 못하는 것은 내가 만들어 놓은 마음 길을 계속 가고 있기 때문입니다.

마음 길은 '～해야만 한다.' '～하면 안 된다.' '～은 당연하다.' '～은 나쁜 일이다.' '～하면 좋을 거다.'등과 같이 스스로 정해 놓은 관념을 알아차리는 것부터 시작됩니다. 관념은 과거와 미래를 오가며 자기만의 길을 만들고, 그에 맞는 말과 행동, 습관을 무수히 만들어 냅니다. 말하자면, 하나의 관념이 수많은 행동과 말을 만듭니다. 그래서 그 관념 하나를 자각하여 다스리면 말과 행동들은 저절로 달라집니다. 그동안 말과 행동을 중심으로 마음 다스리기를 해 왔는데, 이번 시간에는 좀 더 근원적인 다스리기를 하려고 합니다.

그래서 지금부터는 내가 힘들다고 느낄 때 그 마음 길은 어떠한지, 또 무엇 때문에 쉬지 못하는지 살펴보겠습니다.

◉ 마음 길 탐색하기

　마음노트를 참고하여 자신이 화가 나거나 힘들 때 마음이 어떤 길을 만들어 내는지 활동지에 적는다. 평소 자각하지 못했던 자신의 내면을 살피는 시간이 되도록 충분한 시간을 준다.

〈활동지 예시-마음 길 탐색하기〉

※ 화가 나거나 힘든 상황을 구체적으로 적고, 그때의 마음이 어떤 길을 만들어 내는지 정리해 보세요.

〈구체적 상황〉 자녀가 밤늦게까지 컴퓨터로 게임만 하는 날이 반복되고 밥 먹으라고 불러도 데리러 갈 때까지 나오지 않는다.

〈말과 행동〉 "그만 좀 해." "너 그렇게 살아서 나중에 뭐가 될래?"라고 화를

낸다. 컴퓨터를 강제 종료시킨다. 등

〈마음의 흐름〉 가슴이 답답하다. 어떻게 해야 할지 모르겠다. 아들이 너무 밉다. 꼭 닮은 남편까지 미워진다. 나중에 아이가 어떻게 될지 걱정된다. 초조해진다. 이런 상황에 놓인 내가 싫다. 등

〈정해 놓은 관념〉 게임하는 것은 나쁘다. 지금은 공부를 해야 할 때다. 아들은 항상 내 말을 들어야 한다. 등

◉ 바라는 마음

앞 활동에서 작성한 마음의 흐름을 다시 보면서, 그 속에 담긴 기대하는 바를 정리한다. 사례를 적절히 사용하여 진행한다.

멘트 내가 정해 놓은 생각이나 의도가 있는 경우엔 반드시 기대하는 것이 있습니다. 예를 들어, 아들은 당연히 내가 하는 말을 따라 주어야 한다는 생각, 나쁜 게임은 공부에 방해가 되니 하지 말아야 한다는 생각 등이 그대로 바라는 바를 포함하고 있습니다. 그래서 상대를 다그치게 되고 마음은 쉬지를 못합니다.
주변 환경과 상황도 바뀌고, 자녀도 자신의 생각과 생활이 있는데 어떻게 내가 정해 놓은 길을 따라만 오라고 할 수 있겠습니까? 당연히 내 맘대로 될 수가 없지요. 그런데도 내 뜻대로, 내 기대만큼 이루어지기를 바라는 마음, 그 마음이 욕심입니다. 그 욕심이 마음에 쌓이면, 그 무게로 인하여 피곤함을 느끼고 힘들게 되는 것입니다. 그래서 두 번째 활동에서는 내 말과 행동 속에 담긴 기대하는 바를 살펴보겠습니다.

〈활동지 예 - 바라는 마음〉

〈마음의 흐름〉

- 가슴이 답답하다: 가족 모두가 자기 할 일은 스스로 알아서 해 주면 좋겠다.
- 어떻게 해야 할지 모르겠다: 누군가 알려 주면 좋겠다.
- 아들이 너무 밉다: 자신의 미래에 대해 생각을 하고 살았으면 좋겠다.

〈정해 놓은 관념〉

• 게임하는 것은 나쁘다: 공부에 방해되니까 게임하지 말고, 공부에 집중하면 좋겠다.

• 아들은 내 말을 들어야 한다: 부모인 내 말을 잘 듣고, 아들이 잘됐으면 좋겠다.

• 지금은 공부를 해야 할 때다: 공부를 열심히 해야, 미래를 보장받을 수 있을 텐데.

〈사례 1〉

'마음을 다스리는 A4'로 마음을 다스리면서 예전처럼 안절부절못하는 상황은 없다. 그렇다고 해서 아이들과 남편이 바로바로 내 마음의 변화를 알아 주지 않는다. 물론 다른 사람을 위해 하는 게 아니지만 어제는 내 마음이 잘 전달되지 않았다. 정말로 답답한 하루였다. 말을 하기 전에 마음을 다스리고 진심을 다해 처음으로 용기 내어 했던 말이 화가 되어 돌아왔다. 이것 또한 좋은 것도 싫은 것도 아니라고 마음을 다스려 봤지만 받아들이기가 힘들었다.

〈사례 2〉

어린아이들 키우느라 한창 바쁠 때 남편이 퇴근하면 집안일을 해 주기를 바란다. 재활용쓰레기 내다 놓기, 기저귀를 갈아 주기 등으로 바쁘게 종종걸음 하는 나를 보고도 도무지 도울 생각을 하지 않는 것이다. 왜 꼭 말해야만 알아든나? 해 주면 안 되나? 뭔가 시켰으면 좋겠는데 하는 마음으로 쳐다보니 집에서 쉬고 싶은 남편도 속이 편하지 않았을 것이다. 할 수 없이 내가 그냥 움직이며 '일하고 온 남편도 쉬어야지.' 하고는 기대하는 것 자체를 버리기로 했다. 그렇게 내 마음을 정리하자 오히려 남편이 도와주겠다고 하며 조금씩 달라졌다. 남편은 전에는 저녁시간의 집안일이 모두 자신 담당이 될 것 같아 부담되었다고 솔직하게 말했다.

◉ 마음 길 내려놓기

자신이 자각한 바라는 마음과 정해 놓은 관념들을 '마음을 다스리는 A4'로 굴려 놓는다. 사례를 들어 바라는 마음을 놓았을 때의 사례를 들어 주는 것도 도움이 된다.

멘트　가족이기 때문에 서로에게 기대하는 것이 있는 것은 어찌 보면 자연스러운 일입니다. 내 욕심을 상대에게 요구하는 것이 당연하다면 상대 또한 나에게 기대하는 바가 있을 것입니다. 그런데 우리는 그로 인해 일어나는 갈등은 견디기 힘들어합니다. 그리고 갈등의 원인을 상대의 잘못으로 생각하기 쉽습니다.

이 상황을 어떻게 하면 서로에게 이익이 되도록 지혜롭게 풀어 나갈 수 있을까요? 내가 기대하는 것을 거두어 들이고, 그대신 한 생각을 지혜롭게 굴려 놓을 수 있으면 됩니다. 지금 우리가 하고 있는 마음공부는 내가 어떤 마음의 길을 만들었든 그 길을 지우고 바꾸는 작업과 같습니다. 왜 그것이 가능할까요? 아무리 오래된 습관적인 행동이라도 그 시작은 마음이 만든 것이기 때문에 마음으로 지우는 것이 가능합니다. 그렇게 하다 보면 내가 생각지도 못했던 방법으로 문제의 실마리가 풀릴 수 있습니다. 내가 기대하는 마음과 그래야만 한다고 정해 놓은 관념들을 A4로 굴려 놓으면서 무거운 짐을 내리고 쉬는 시간을 갖겠습니다.

〈사례 1〉

스마트폰이 아이의 손에서 떠나질 않는다. 한번 손에 들면 그만하라는 소리를 할 때까지 한다. 그 모습을 보고 있으면 화가 난다. 무엇 때문에 화가 날까? 곰곰이 생각하니 스마트폰을 보는 것은 공부하는 데 방해만 된다는 생각, 아이가 자기 일을 안 해서 잘못되면 어쩌나 하는 걱정이 있었다. 그래서 내 마음을 돌렸다. '요즘은 스마트폰을 안 할 수가 없다. 아이가 이걸 한다고 다 나쁘게 되는 건 아니잖아.'라고 생각을 조금 돌려 보니 마음이 한결 편안해졌다. 앞으로는 우리가 스마트폰으로 공부하는 때가 올지도 모른다. 아이가 좋은 방향으로 스마트폰을 사용했으면 하는 마음이 들었다. 생각을 한번 돌리고 나니 긍정적인 생각들이 나오기 시작했다.

〈사례 2〉

딸아이가 공부를 열심히 하는데 성적은 안 좋았다. 그래서 항상 아이의 앞날이 걱정되며 가슴이 아팠다. 그런데 어느 날 아이가 다니는 서예학원에 살짝 가 보고 싶었다. 정성을 다하여 열심히 붓글씨를 쓰는 모습을 보면서 아이는 무엇을 하든지 잘될 거라는 믿음을 가지게 되었다. 그 후로는 아이의 미래를 걱정해 본 적이 없다. 딸은 간호사가 되었고, 지금도 열심히 살고 있다.

〈사례 3〉

아이가 하는 게임들은 내가 해 봐도 정말 재밌다. 그러니 아이들은 오죽할까. 중학생이지만 공부에 취미가 없는데 그나마 폰까지 못하게 하면 아이가 낙이 없을 것 같았다. 그래서 같이 게임도 하고 적당히 즐길 수 있도록 동의해 주었다. 내가 경험한 대로 그 어떤 것도 '좋을 때가 있으면 질릴 때가 올 거다.' 하는 마음이 들어 스마트폰 사용에 대한 걱정을 놔 버렸다. 그러던 어느 날 아이가 나의 공부 모임에 따라 나선 것이다. 좋은 글을 읽고 좌선도 하는 모임이었는데 아이가 어떻게 버틸까 싶었다. 역시나 조용한 방을 들락날락하고 책을 읽을 때는 두세 줄 집중하는 정도였다. 그래도 편안한 마음으로 지켜만 보았다. 그렇게 얼마 동안을 같이 다녔는데 아이 입에서 처음으로 시험공부를 좀 해 봐야겠다는 말이 나왔다. 그사이 함께 읽던 책의 내용으로 마음이 깊어지고, 어른들의 배려를 받으며 마음을 넓히고 있었던 것이다. 또 교과서를 힘들어서 못 보던 아이였는데 어른용 책을 읽다 보니 교과서 읽는 것은 너무나 쉬운 일이 되었던 것이다.

아이가 이렇게 변화하기까지 나는 무엇을 하였나? 아이의 숨통을 터 주기 위해 게임하는 것을 편안하게 봐 주었고, 공부해야 한다고 집에 묶어 두지 않았고, 아이가 원했을 때 무엇이든 경험해 볼 수 있도록 모임에 같이 갔고, 좌선하는 30분 내내 정자세로 앉아 있지 못하는 아이를 타박하지 않고 올라오는 내 마음을 내려놓는 실천만 한 것, 책을 한 줄만 읽고 내려놔도 눈치 주지 않는 것, 그리고 아이와 모임에 오가며 스킨십을 한 것이다. 그저 내 욕심, 내 기준을 내려놓는 실천만 했을 뿐이다.

〈사례 4〉

아이가 아주 어렸을 때부터 아이를 키우는 내 나름의 틀을 만들었다. 그래서 '엄마 말대로 살아야 한다. 그것만이 정답이다.' 하고 지금까지 고집했다. 작고 사소한 습관 하나까지도 나와 꼭 닮아 있는 아이에게 이제는 아이가 원하는 모양대로 자기만의 그릇을 빚어 갈 수 있도록 지켜보려 한다. 오늘부터 시작이다. 이제부터 내가 실천해야 할 일은 아이가 도와 달라고 할 때 도와주기, 정리정돈은 스스로 할 수 있게 기다려 주기, 믿어 주기 등이다.

마음으로 읽는 글

내 기준으로 보지 마세요

　내 기준으로 보지 마세요. 항상 자식들도 내 기준으로 보기 때문에 탈이 나는 겁니다. 자녀들 속에 들어가서 한마음이 된다면 폐단이 올 일이 없습니다. 부모한테는 부모한테로 들어가서 부모가 돼 버리면, 폐단이 올 게 하나도 없습니다. 그런데 내 기준에서 항상 얕보고 "너는 이렇게 해야 된다. 이렇게 안 하면 넌 밥 빌어먹는다." 부모더러는 하는 말이 "옛날 방식으로 그렇게 살아 나가면 살 수가 없습니다!" 이러거든요. 마음 자체는 다 똑같지만, 이 오장육부 속에도 모습들이 천차만별로 다르고 행도 다르고 모두 다르듯이, 이 세상만사의 모든 마음 내는 그릇은, 마음 내는 차원은 천차만별로 다른데, 그건 그릇대로, 자기의 생각대로 할 뿐이지 누가 봐야 옳다, 안 봐야 옳다 할 수는 없죠.

　집안이 화목치 못해서, 또는 한 가정 속에서 누가 괴롭다면 서로가 한마음이 돼서 이끌고 갈 수 있어야 나도 쉽고 서로가 다 쉬울 것을, 그렇지 못한 채 그저 자기 하나만 알고 자기 아픔만 알고 마음으로 돌봐 줄 사람이 없어서 서로 뭉치지도 못하는 경우가 있습니다. 자기 범위 내에서 생각을 하고, 자기 차원에서 생각을 하지 남의 차원에서는 좀체 생각하지 못합니다. 그러기 때문에 사고가 벌어지는 거죠.

　인간이 살아 나가는 데, 부부가 만나서 사는 데도 간단하게 생각이 되지만 사람 사는 게 그렇게 간단하지는 않습니다. 가다 보면은 그것이 너무도 복잡하고 다단합니다. 이것을 하나하나 이것이 옳다 그르다, 밉다 곱다 해서 판단을 자꾸 한다면, 남편도 아내 일에 잘한다 못한다 판단을 하고 아내도 남편 일에 잘한다 못한다 해서 판단을 한다면 이것은 진짜 잘못 나가는 겁니다.

　가정에서도 부부가 잘못하면 애들이 힘이 든단 말입니다. 애들한테 뭐라고 안 그래도 부부가 항상 싸움이나 하고, 엇갈리고 사네 못 사네 하고 야단들을 한다면 그거 듣는 자식들이 공부가 되겠습니까? 그러니까 "아이고, 지겨워." 이탈을 하게 되죠. 이게 쌓이고 쌓이면 터지게 되죠. 그러니 터진 상황에 뭐를 붙들려고 그러느냐 하면 말로 해서 몸을 붙들려고 애를 쓴단 말입니다. 또! 몸을 붙들려고 하지 말고 바로 마음으로써 마음을 붙들어야 육체는 저절로 오게 되고 따뜻하게 되죠.

실천해 봐요

멘트 오늘 나누었던 이야기들을 생각하면서 바라는 마음, 이래야 된다, 저래야 된다는 욕심을 비우고 쉬는 한 주 되시기 바랍니다. 그리고 우리가 함께 공부한 내용은 자녀에게도 적용해 보기로 했으니 가정에 돌아가시면 나의 관념을 고집하지 말고 자녀를 배려하면서, 한편으로는 자녀의 행동 속에 담긴 고정관념은 무엇인지 살펴보세요. 그리고 '마음을 다스리는 A4'의 흐름을 참고하여 아이와 함께 그 관념을 긍정적으로 굴려 놓아 줄 수 있는 멋진 조언자가 되어 보시기 바랍니다.

과제 1 자녀, 배우자 또는 주변 인연들과의 관계에서 나의 바라는 마음을 A4로 굴려 놓기

과제 2 자녀의 행동 속에 담긴 고정관념 파악하고 A4로 굴려 놓기 & 조언하기

행복한 학부모를 위한 마음공부 – 4차시

학부모프로젝트

실천 나누기

1. 생활하면서 내 앞에 닥치는 일들을 A4로 굴려 놓기

2. 스킨십하며 자녀를 위한 마음 내주기

   ① 아침/저녁에 자녀의 머리나 어깨 등을 쓸어 주며 좋은 마음을 내기
   ② 자녀와 통신이 됨을 믿고, 따뜻한 마음으로 사랑이 담긴 말해 주기
   ③ '주인공, 아이가 자기 할 일을 스스로 할 수 있게 해.' 하고 마음 내기

쉼

- 마음 길 탐색하기
- 바라는 마음
- 마음 길 내려놓기

마음으로 읽는 글

- 내 기준으로 보지 마세요

실천해 봐요

1. 자녀/ 배우자 / 주변 인연들과의 관계에서 나의 바라는 마음을 A4로 굴려 놓기

2. 자녀의 행동 속에 담긴 고정관념 파악하고 A4로 굴려 놓기 & 조언하기

고맙습니다

5차시 고맙습니다

이번 차시의 주제는 '**고맙습니다**'입니다. 지난 4주 동안 '나는 누구인가'에 대한 탐색을 시작으로 자녀와의 관계에서 자주 쓰는 말과 행동, 그리고 그에 담긴 속마음을 살펴보았습니다. 평소 자각하기 어려웠던 고정관념을 알아차리고 다스리면서 '나'에 대하여 더 깊게 성찰해 보았습니다. 이 차시에서는 좀 더 내면으로 들어가 부모와의 관계에서 입력된 의식들을 살펴보게 됩니다. 성장하면서 보아 온 부모님의 모습은 긍정으로든 부정으로든 내가 부모역할을 하는 데 가장 많은 영향을 주는 롤모델이 될 수밖에 없습니다. 이제 그 입력된 의식들이 무엇인지 파악하고, 부정적으로 남아 있는 의식들을 감사한 마음으로 굴려 놓으면서 스스로 치유하는 활동을 합니다.

진행목표

• 부모와의 관계에서 입력된 의식들을 자각하고 굴려 놓는다.

진행흐름

흐름	활동	시간(120')	준비
실천 나누기	• 지난주 실천 내용과 소감 공유	55'	워크북
고맙습니다	• 부모에 대해 입력된 의식 1, 2, 3 • 감사의 마음으로 굴려 놓기	50'	ppt, 워크북
마음으로 읽는 글	• 자녀의 마음을 따라 줍니다	10'	워크북
실천해 봐요	• 실천과제 안내	5'	ppt, 워크북

실천 나누기

한 주 동안 실천한 내용을 나눈다. 팀 활동이 끝나면 전체가 공유하는 시간을 갖는다. 진행자가 자신의 실천 사례를 소개하거나 다음의 예시 사례를 활용할 수 있다.

멘트 반갑습니다. 지난 한 주 동안 나의 고정관념과 기대하는 마음을 꾸준히 내려놓으셨습니까? 삶을 지혜롭게 사는 방법 중 하나는 '익숙한 것 낯설게 보기, 낯선 것 익숙하게 보기'라고 합니다. 대혜선사가 "설은 것은 익게 하고, 익은 것은 설게 하라."라고 한 말씀과 같은 의미입니다. 지금까지 학부모프로젝트에 참여하면서 여전히 실천하는 것이 힘들다고 느껴진다면, 발상을 전환해서 평소 늘 해 오던 익숙한 일처럼 바라보시면 도움이 되지 않을까요? 그럼 한 주 동안 어떻게 지내셨는지 서로 나누며 배우는 시간을 갖겠습니다.

〈실천 사례 1〉
아이들이 하루 종일 놀기만 한다. 어느덧 STOP! 하는 실천에 익숙해진 것일까? 아이들에게 공부하라고 다그치고 싶다가도 끝내 잔소리를 하지 않았다. 대신 '조급해하지 않는 지혜로운 마음이란 무엇일까?' '어떤 마음을 내야 할까?'를 먼저 생각해 보려고 한다. 아이들이 어디서든지 필요한 사람으로 성장하도록 마음을 낸다.

〈실천 사례 2〉
그동안 나의 조급함 때문에 힘들었는데 많이 변한 것 같다. 오늘 딸과 공부를 시작했다. 같이 공부하자고 하니 선뜻 좋다고 한다. 말은 그렇게 해 놓고도 딸은 전혀 집중을 하지 못한다. 공부하기 전에 아이와 손을 잡고 '지금 하는 이 공부가 딸 머릿속에 쏙쏙 들어가게 해. 나도 화내지 않고 즐겁게 지도하자고 마음을 내었다.' 같이 공부할 때마다 '집중'이라는 소리를 수십 번은 했을 텐데 오늘은 안쓰러운 마음이 들었다. 기다려 주고 또 기다려 주었다.
근데 이 녀석이 갑자기 울기 시작하는 것이다. 화도 안 냈고 다그치지도 않았는데 혼자 서럽게 운다. "엄마, 너무 힘들어, 정말 어려워." "그래, 어려운 것 알아, 엄마도 어려웠어. 그럼 이 문제 풀지 말까?" "아니, 그래도 할래." 결국 마지막 문제까지 함께 풀었다. '고마워, 주인공' 그동안 왜 보듬어 주지 못했을까? 왜 다그치기만 했을까. 오늘 끝까지 해내는 딸을 보며 내가 배운다. 다그치는 것은 나에게만 편리한 방법이라는 것을 알았다. 그동안의 어리석음이 아이에게 미안함으로 바뀐다. 화를 내지 않아도 다그치지 않아도 충분히 굴러가는 것을.

고맙습니다

멘트 이번 주의 주제는 '고맙습니다'입니다. 마음노트에 쓰신 글 중 이런 내용이 있습니다. "밤을 새고 아침에 들어온 아이가 고개만 까딱하고 제 방으로 들어간다. '저렇게 자제력이 없어서 어떻게 살려구.' 하는 마음이 속에서 올라온다. 그리고 다음 순간 나를 향해 친정엄마가 쏟았던 모질고 거칠었던 수많은 말들이 소용돌이친다. 아이에게 그대로 쏟아붓고 싶은 충동에 몸이 휘청한다. 소파에 그대로 앉아 그 의식들을 내려놓고, 내려놓고, 또 내려놓았다. 한참 뒤에 마음이 가라앉아서, 일어나 내 할 일을 하러 갔다."

여러분도 자녀를 기르시면서 문득 문득 부모와의 기억을 떠올리신 경험이 있으실 겁니다. 부모와의 관계는 나에게서 끝나지 않습니다. 자녀나 배우자와의 관계에서 그대로 되풀이되기 쉽습니다. 부모 역할에 대해서 내가 보고 배운 것이 그것이니까요. 그래서 부모와의 관계에서 받은 마음의 상처를 치유하는 것은 나와 부모, 자녀, 배우자와의 관계를 동시에 변화시키는 데 도움을 줄 수 있습니다.

이 시간에는 부모와의 관계에서 입력된 의식들을 자각하고, 그것이 무엇이 되었든 감사함으로 굴려 놓음으로써 치유하는 활동을 해 보겠습니다.

◉ 부모에 대해 입력된 의식 1

부모님과의 관계에서 입력된 내면의식을 자각하는 활동이다. 부모에 대한 기억이 긍정적이든 부정적이든 모두 다 내 삶을 지혜롭게 하는 데 좋은 재료가 되므로 편안하게 활동에 참여하도록 안내한다. 배경음악을 활용하면 분위기가 훨씬 부드러워진다.

① 부모님 중 자신의 삶에 더 많은 영향을 주었다고 생각되는 분 또는 관계를 원만하게 풀고 싶은 분을 선택한다. 부모님이 일찍 돌아가신 사람은 자신을 키워 준 분을 선택한다. (여기서는 편의상 어머니로 설명한다. 아버지가 주요 교육 대상일 경우, 아버지를 사례로 드는 것도 좋다.)
② 활동지 가운데 있는 원 안에 어머니 또는 엄마, 또는 내가 엄마를 부르는 호칭을

적는다.

③ 엄마와 함께 마음으로 과거여행을 떠나는 시간을 잠시 갖는다.

④ 엄마에 대해 떠오르는 단어를 적어 나간다. 골똘하게 생각하지 말고 무의식에서 떠오르는 대로 적어 나간다.

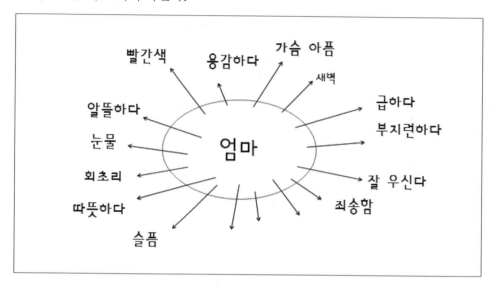

◉ **부모에 대해 입력된 의식 2**

활동지에 적은 단어들은 나에게 입력되어 있는 엄마의 겉모습이다. 좀 더 깊은 내면에 입력된 내용을 파악하기 위해서 두 번째 활동을 한다. 이 활동을 하다 보면 내가 의식하고 있지 못했던 엄마에 대한 애틋함이나 책임감 또는 피해의식 등의 감정을 자각할 수 있다. 그것을 자각하게 되면 부모와의 관계를 풀어 가는 실마리를 잡게 된다.

① 단어들 가운데, 뜻이나 느낌이 반복되는 단어를 찾아 표시한다.

② 그 단어가 왜 반복되어 나오는지 마음속에 질문을 던지면서 떠오르는 기억과 느낌을 문장으로 적는다.

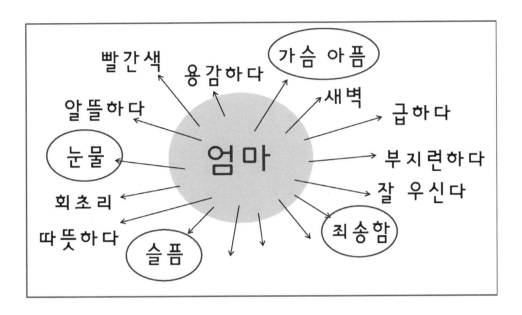

엄마를 생각하면 항상 가슴이 아프다. 전화만 와도 혹시 무슨 일이 있는지 가슴이 덜컥한다. 받은 게 많은데 그만큼 보답하지 못하고 있다는 생각, 엄마에 대해 이런 감정이 입력되어 있으니 괴롭다.

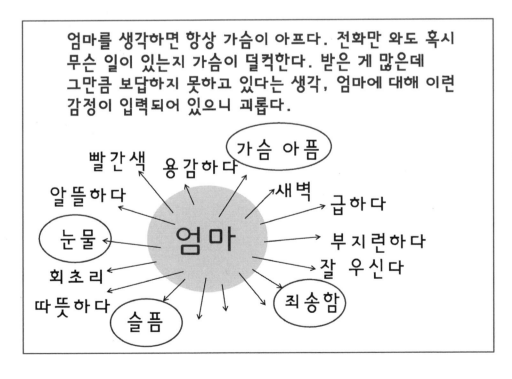

진행 Tip

1. 대부분 앞의 사례와 같이 반복되는 단어가 있지만, 그렇지 않은 교육생도 있습니다. 이럴 때는 다음의 관점으로 생각해 보면서 떠오르는 내용을 문장의 형태로 적어 보도록 안내합니다.

※ 관점
- 현재 부모에게 바라는 것은 없는가?
- 부모는 왜 그런 언행을 하셨을까?
- 나와 부모의 닮은 점은 무엇일까?
- 부모와의 관계에서 형성된 강박관념은 없는가?
- 부모－자녀 관계가 아니라 나와 똑같은 인간 또는 여자, 남자의 입장으로 본다면?

※ 강박관념의 예
1. 늦게 일어나면 죄책감이 들고 심장이 심하게 두근거린다. 어린 시절 아침 일찍 일어나시던 엄마의 재촉으로 항상 새벽에 일어나야 했고, 늦게 일어나는 것은 잘못하는 거라고 느꼈었다.
2. 물건을 반듯하게 놓아야 직성이 풀리고, 다른 사람에게도 그러기를 요구하는 마음이 있다. 어린 시절 신발이든 뭐든 반듯하게 정리되지 않으면 엄마가 꼭 그 자리에 불러서 바르게 정리하도록 하셨다.

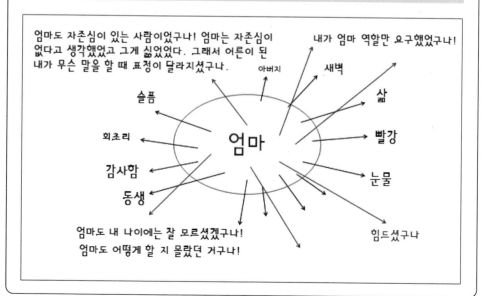

◉ 부모에 대해 입력된 의식 3

자신이 엄마에 대해 새롭게 알게 된 것과 느끼고 자각하게 된 내용을 정리한다. 이때에는 부모와 자식의 관계를 떠나 제3자의 입장에서 엄마와 나의 관계를 풀어주는 마음으로 쓰도록 안내한다.

〈자가치유 사례 1〉

내 기억에 엄마는 자식들에게는 무조건이셨지만, 아버지에게는 바가지를 잘 긁으셨다. 아버지는 그때마다 슬그머니 자리를 피하셨다. 바가지 긁기를 반복하시던 엄마에 대해선 다소 부정적 이미지가 있었다. 그런데 어느 날 보니, 나도 엄마처럼 살고 있었다. 엄마 탓을 했다. 이번에 자가치유를 하면서 엄마를 한 여자로, 아내 입장으로 보면서, 나를 보게 되었다. '나는 왜 바가지를 긁지?' 하고 보니, 남편이 상황마다 "미안해." "애썼어."란 말을 한 번이라도 해 주었더라면, 웬만한 일은 그냥 넘어갈 수 있을 텐데라는 마음이 깔려 있었다. '아, 엄마도 아버지한테 인정받지 못한 서운함 때문에 그랬구나!' 그 순간 엄마가 이해되고, 살짝 뭉쳤던 마음들이 녹아내렸다.

그동안 남편은 내가 바가지를 긁으면 화를 많이 냈고, 그로 인해 갈등도 잦았다. 그런데 엄마에 대한 기억이 바뀌면서 남편에 대한 이해의 폭도 넓혀 가고 있다. A4를 활용해서 '남편이 화를 내는 것은, 점잖은 것도 점잖치 않은 것도 아니다.'를 반복하며 분별을 내려놓다 보니, 갑자기 오롯이 내 탓임이 느껴졌다. 엄마는 아버지에게 피할 틈을 주면서 바가지를 긁었지만, 나는 콕 찍어서 자존심을 건드려 버럭하는 남편이 되었다는 생각에 미안한 마음이 들었다. 그래서 남편을 향한 내 태도는 점차 바뀌고 있다. 남편과 나의 관계가 아들의 결혼생활에도 영향을 미치고 있을 거라는 생각을 하면, 늦었지만 변화된 우리 모습을 보여주는 것이 부모로서 꼭 해야 할 일인 것 같다. 내 안에 입력된 의식들과 화합하는 것이 얼마나 중요한지 새삼 느끼게 된다.

〈자가치유 사례 2〉

나는 두 남매를 둔 엄마다. 어릴 적 내가 부모에게 바랐던 대로, 잔소리 안 하고 공부하란 소리 안 하는 꽤 괜찮은 엄마라고 생각했었다. 내가 제일 싫어하는 사람은 친정엄마와 시어머니다. 친정엄마는 딸들에게는 관심이 별로 없고, 아들만 살뜰하게 챙기는 분이었다. 어릴 적부터 엄마의 눈치를 보며 한겨울에도 얼은 손을 불어 가며 찬물로 빨래를 했다. 어떻게든 엄마의 사랑을 받아 보려고 애쓰던 내 모습이 떠오른다. 시어머니는 아들을 너무 사랑해서 며느리인 내가 당신의 아들 곁에 있는 것을 보지 못하신다.

그러던 어느 날 딸을 대하는 나에게서 친정엄마의 모습이, 아들을 대할 때는 시어머니의 모습이 그대로 반복되고 있음을 알게 되었다. 딸이 뭔가를 원할 때면 "아휴, 대충해, 그게 왜 필요해." 하면서 아들은 보기만 해도 사랑으로 마음이 가득 차고 해 달라는 것은 다 해 주는 것이다. 그토록 싫어하던 그분들의 모습이 그대로 나에게서 반복됨을 알고 나니 너무나 당황스러웠고 아이들에게 미안했다. 그래서 딸에게 엄마 노릇을 배워 가는 과정이니 앞으로 잘하겠다는 장문의 편지를 썼고 관계를 풀어 나가기 시작했다. 딸은 마치 기다렸다는 듯이 그동안 받지 못했던 엄마의 사랑을 봇물 쏟듯이 요구해 왔고, 처음엔 더디었지만 지금은 딸과 친구처럼 지낸다. 아들에게도 부담스러운 사랑(집착)을 쏟지 않으려 마음을 조절하고 있다.

그러다 보니 또 이런 생각을 하게 되었다. 나는 나의 자녀에게 이토록 좋은 엄마로 인식되려고 애쓰는데 부모에게 어떻게 하고 있는가? 엄마가 아무리 나에게 상처를 주었다고 해도 지금 부모가 살아 계실 때 화해하고 풀어 가야 하는 게 아닐까? 내가 몰랐을 때 그러했듯이 두 분의 마음도 이해가 되고 잘해 드려야겠다는 생각을 하게 되었다.

〈자가치유 사례 3〉

어머니는 우리에게 헌신하셨다. 이제는 당신이 우리들에게 했던 만큼 받기를 원하신다. 한 예로 음식을 마련해도 좋은 것으로 해 달라고 하신다. 내 직업은 다른 아이들을 돌보는 것이고 나는 그 일을 정말 열심히 한다. 그런데 어머니는 "네 자식에게나 그렇게 잘해라."라고 나무라신다. 실상 내 아이와는 잘 지내는

편이다. 그리고 어머니의 그 헌신이 나를 부담스럽게 하고 또 그만큼 갚아야 한다는 생각이 깊어 자녀와는 그런 관계를 만들고 싶지 않았다.

　나는 주변사람들과 항상 적당한 거리를 두고 깊게 사귀지 않는다. 남편, 직장 동료와도 마찬가지다. 왜 그럴까 했었는데 사람이 관계가 깊어지면 그만큼 상대에게 헌신해야 한다는 관념이 있었고, 그것이 너무 부담스럽고 싫다는 생각 때문이었다. 아마 그것이 엄마와의 관계에서 형성된 것이 아닐까 하는 생각을 오늘 수업을 하면서 알게 되었다.

◉ 감사의 마음으로 굴려 놓기

　자신이 작성한 활동지의 내용을 감사의 마음으로 재입력한다.

멘트　지금까지의 활동을 통해 우리가 하고자 했던 것은 부모와 관련하여 입력된 것들이 무엇인지 자각하고, 긍정적이든 부정적이든 감사한 마음으로 굴려 놓기 위함입니다. 첫째는 부모와 화합하고, 둘째는 어린 시절의 나를 이해하여 그때 형성된 성격을 가다듬기 위해서, 셋째는 이후로 자녀의 삶에 긍정적인 영향을 주기 위해서입니다.

입력된 마음들이 무엇이든 지금 내가 부모가 되어 시행착오를 겪으며 아이를 기르다 보니 그 시절의 부모님도 그랬으리라는 것이 짐작이 갈 것입니다. 그때의 부모님을 지금의 나와 같이만 본다면 이해 못할 것도 없겠지요. 혹시라도 여전히 부모에 대해 풀리지 않는 마음이 있다 해도 괜찮습니다. 이제 알았으니 서서히 놓아 가면 됩니다. 좋았던 기억도 있고, 애잔한 기억도 있고, 서운한 기억도 있을 것입니다. 모든 내용들을 좋다, 싫다, 잘했다, 못했다 하는 분별과 이유 조건을 붙이지 말고, 무조건 감사함으로 재입력하는 시간을 갖겠습니다.

마음으로 읽는 글

자녀의 마음을 따라 줍니다

　가정에서 자식 살림살이를 잘하시려면 평등한 마음으로써 항상 부드럽게 말해 줄 수 있고, 어떠한 일이 있어도 행을 항상 자기 주인공에 맡겨 놓고 할 수 있게끔 하셔야만 말 없는 데를 통합니다. 식구들한테도 나쁜 말하지 말고 나쁜 생각하지 말고, 잘못했다고 해서 '요놈의 새끼, 너 혼 좀 나 봐라.' 이렇게 생각하지 말아라 이겁니다. 아무리 잘못하더라도 주인공에 맡기고 그저 '모두 몰라서, 물리가 터지질 않아서 그런 거니까 주인공만이 그저 물리가 터져 영리하게 자기 앞가림을 하고 나가게끔 당신만이 할 수 있어.' 하고 맡겨 놓습니다. 아들도 남편도 어머니도 자식도 친척도 다 한마음 아닙니까. 부드러운 말로 모든 것을 안에다 맡겨 놓으면 에너지가 다 통합니다.

　그러하니 자식이 어떠한 나쁜 짓을 하더라도 들어오면 다독거려 주고, 말로도 다독거려 줍니다. 그게 사랑입니다, 겉으로 사랑. 안으로는 자비를 베풀어 '주인공밖에는 저 애를 바로 인도해 줄 수 없지.' 하는 것을 믿고 통신처에 놓고선 말은 좋게 해 주는 것입니다. 언제나 어른이고 애고 따뜻한 데로 모이지 추운 데로 모이지는 않습니다.

　아침에 나가는 엄마는 반찬을 해서 냉장고에 넣어 놓고 "너를 사랑해. 우리 식구가 행복하게 살고 너희들을 키우기 위해서 엄마는 일하러 나간다. 꺼내 먹어라. 사랑해." 하고서 쪽지에다가 써서 냉장고 거기다 붙여 놓고 뽀뽀라도 해서 문에 붙여 놓고 나가면 아이들이 이탈되지 않는다는 얘기지요.

　내 주인공에다가 스위치를 누른다면, 즉 입력을 한다면 자식의 마음까지도 불이 들어오게 돼 있거든요. 자식에게까지도, 연결이 돼 있으니까요. 그것은 자동적으로 마음에서 고장 난 거지 껍데기인 육체가 그냥 허수아비 모양으로 뛰어 달아 나가는 게 아니거든요. 그러니까 그 마음에도 불이 들어오니까 차츰차츰 나가는 일이 없어지면서 "엄마, 내가 왜 그렇게 엄마 속을 썩였지?" 하고 그렇게 되는 겁니다.

　애들이 잘못하는 것뿐만 아니라, "난 이것을 하고 싶습니다."라고 한다면 어른이 생각할 때 천부당만부당할지라도, "그래, 네가 하고 싶으니까 해 봐라." 그러고선 아주 좋게 그냥 받아 주고 그것이 어떤 것인지만 경험하고 다시 돌아서게끔 마음을 내면 연결이 돼 있기 때문에 나가서 다 해 보고는 "아버지, 나 그거 그만두겠어요." 하게 됩니다. 그러면 "왜 그만두니?" 되려 그러거든요. 그러면 "아, 이만저만해서 그러니까 저 다른 걸로 하겠어요." 한단 말입니다. 이렇게 해서 사랑과 자비, 의리, 이심전심으로 가정을 이끌어 나갈 수 있는 그 관심, 이것이 진짜 사랑이죠. 그러니까 부모가 볼 때는 잘못 나가는 것 같지만 그럴 때도 '아! 그것도 순간순간 바뀌어지는 일이니까 그것도 예측 못하는 일이지. 고정된 게 하나도 없으니까 잘될 수도 있다.' 그리고 마음을 넣어 주는 겁니다. 마음을 따라 주는 겁니다.

실천해 봐요

멘트　이번 주 첫 번째 실천과제는 마음을 굴릴 때 나의 욕심을 덧붙이고 있는 것은 아닌지 살피면서 닥치는 일들을 A4로 다스립니다. 그리고 자신의 말과 행이 지혜롭고 자비로울 때 스스로 칭찬해 줍니다. 또 한 가지는 가족과 함께 사랑쿠폰을 사용하는 것입니다. 사랑쿠폰으로 자녀와 배우자와 좀 더 가까워지는 계기가 되길 바랍니다.

과제 1　내 앞에 닥치는 일들을 A4로 굴려서 풀어 가기
　　　　– 실천을 잘할 때 스스로 칭찬해 주기

과제 2　사랑쿠폰 사용하기
- 가족들이 원하는 것을 해 주는 이벤트를 할 때 활용한다.
- 쿠폰의 매수는 본인이 필요한 만큼 사용한다.
- 쿠폰의 반은 자신이 자녀에게 해 줄 내용이다. (예: '정리정돈' 쿠폰)
- 내용이 적히지 않은 쿠폰은 가족에게 나누어 주고 원하는 내용을 직접 적게 한다.
- 쿠폰을 사용한 후에는 자녀나 남편의 소감이나 사인을 쿠폰 뒷면에 적어 오도록 한다.
- 쿠폰 사용을 가족에게 안내할 때, 학부모프로젝트 참여 '이벤트'임을 알려 주어 일상으로 돌아갔을 때 부담이 없도록 한다.
- 가족의 요구 중 들어주기 어려운 사항은 미리 안내한다. 예를 들어, 용돈을 무리하게 요구한다든지, 지금 가정 형편상 사기 어려운 물품을 사 달라는 등의 요구는 삼가도록 한다.

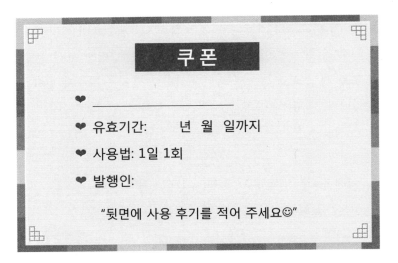

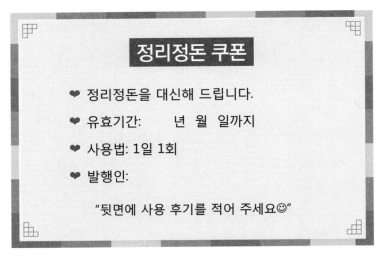

〈자료: 사랑쿠폰 양식〉

행복한 학부모를 위한 마음공부 – 5차시

학부모프로젝트

실천 나누기

1. 자녀 / 배우자 / 주변 인연들과의 관계에서 나의 바라는 마음을 A4로 굴려 놓기

2. 자녀의 행동 속에 담긴 고정관념을 파악하고 A4로 굴려 놓기 & 조언하기

고맙습니다

- 부모에 대해 입력된 의식
- 감사함으로 굴려 놓기

● 부모님을 선택하세요

엄마

● 부모에 대해 입력된 의식 1

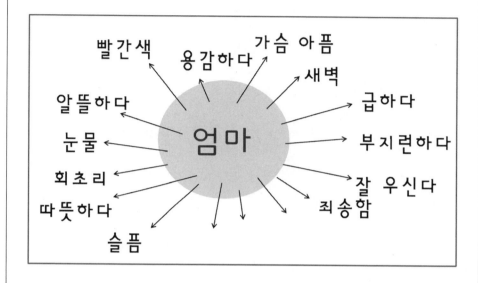

● 부모에 대해 입력된 의식 2

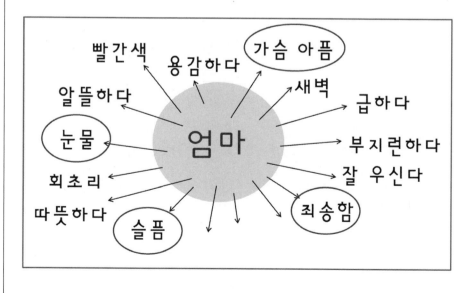

엄마를 생각하면 항상 가슴이 아프다. 전화만 와도 혹시 무슨 일이 있는지 가슴이 덜컥한다. 받은 게 많은데 그만큼 보답하지 못하고 있다는 생각, 엄마에 대해 이런 감정이 입력되어 있으니 괴롭다.

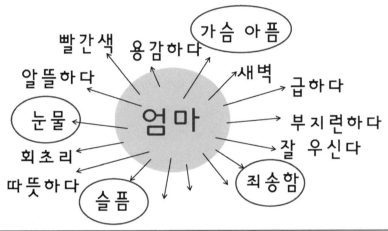

● 이렇게도 생각해 보세요

1. 현재 부모에게 바라는 것은 없는가?
2. 부모는 왜 그런 언행을 하셨을까?
3. 나와 부모의 닮은 점은 무엇일까?
4. 부모와의 관계에서 형성된 강박관념은 없는가?
5. 부모-자녀 관계가 아니라 나와 똑같은 인간 또는 여자, 남자의 입장으로 본다면?

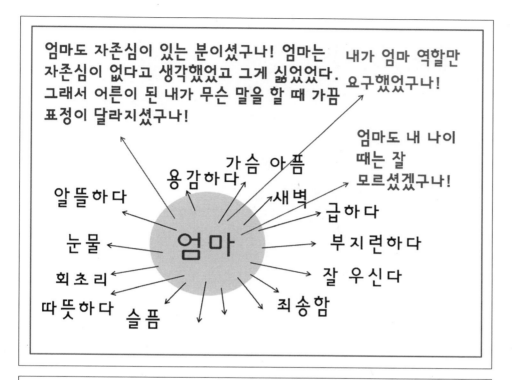

엄마도 자존심이 있는 분이셨구나! 엄마는 자존심이 없다고 생각했었고 그게 싫었었다. 그래서 어른이 된 내가 무슨 말을 할 때 가끔 표정이 달라지셨구나!

내가 엄마 역할만 요구했었구나!

엄마도 내 나이 때는 잘 모르셨겠구나!

가슴 아픔
용감하다
알뜰하다
새벽
급하다
눈물
엄마
부지런하다
회초리
잘 우신다
따뜻하다　슬픔
죄송함

마음으로 읽는 글

- 자녀의 마음을 따라 줍니다

실천해 봐요

1. 내 앞에 닥친 일들을 A4로 풀어 가기
   실천을 잘할 때 스스로 칭찬하기

2. 사랑쿠폰 사용하기

우리, 안아 줘요

6차시 우리, 안아 줘요

이번 차시의 주제는 **'우리, 안아 줘요'**입니다. 우리는 많은 사람들과 교류하고 소통하면서 살고 있습니다. 지금까지 이 프로젝트에서는 소통의 기본인 자신과의 소통에 대해 다루어 왔습니다. 나와 소통이 되기 시작하면, 다른 사람과의 관계에서도 중심을 잡고, 상대를 이해하고 안아 주면서 살아갈 힘이 생기게 됩니다.

이 시간에는 지난 5주 동안 실천해 온 마음의 힘을 바탕으로 자녀와 더 원만하게 소통하는 방법은 무엇인지, 자녀의 소통방식에는 어떻게 도움을 줄 수 있을지 함께 생각해 보겠습니다.

진행목표

- 내 마음 안에 통신처가 있음을 안다.
- 자녀와 지혜롭게 소통하는 방법을 탐색한다.

진행흐름

흐름	활동	시간(120')	준비
실천 나누기	• 실천 내용과 소감 공유	50'	워크북
우리, 안아 줘요	• 내면의 통신처 • 소통의 경험 나누기 • 자녀와 함께 마음공부를	55'	ppt, 워크북
마음으로 읽는 글	• 마음속의 통신처	10'	워크북
실천해 봐요	• 실천과제 안내	5'	ppt, 워크북

실천 나누기

한 주 동안 실천한 내용을 나눈다. 팀활동이 끝나면 전체 공유 시간을 갖는다. 진행자가 자신의 실천 사례를 소개하는 것도 좋다.

멘트 반갑습니다. 사랑쿠폰은 잘 활용하셨나요? 가족들과 따뜻한 마음을 나누는 시간이 되셨을 것이라고 생각합니다. 그런데 쿠폰 사용이 조금 어색하셨던 분도 계셨지요? 그런 분들은 이번 주에 다시 시도해 보세요. 평소 가족에게 보여 주었던 모습을 바꿔 보는 좋은 경험이 될 것입니다. 그럼 한 주 동안 어떻게 지내셨는지 서로 나누면서 배우는 시간을 갖겠습니다.

〈실천 사례 1〉
　이번 주는 아이들보다는 나 자신의 내면과 대화하면서 많은 것을 풀어낸 느낌이다. 여러 가지 생각들이 꼬리를 물고 만들어지는 것을 지켜보았다. 그러다 문득 '아~ 그래, 이런 것들이 내 안에 있는 의식들이구나, 이런 게 입력되어 있었구나.' 하고 알게 되었다. 해묵은 기억들이 마음속에 겹겹이 쌓여 있다가 표면 위로 올라오고, 그것을 알아채고 놔 버리는 순간 흔적이 없어진다. 어떤 것들은 순식간에, 어떤 것들은 여러 번 내려놓는 과정이 필요하다. 현재 내 삶 속의 가족, 주변 사람들과의 부정적 관계를 다시는 반복하지 않으려고 '마음을 다스리는 A4'로 굴리다 보니, 가만히 있는데도 뭔가 힘이 들고 않는 느낌이다. 마치 명현반응처럼 몸으로 느껴진다. 딸이 종일 아파서 부정적인 감정들이 올라왔지만, 이젠 가볍게 다시 놓을 수 있다. '안에서 나온 것이니 다시 안으로 굴려 놓을게.' 하고 말이다.

〈실천 사례 2〉
　저녁에 애들이 말다툼을 해서 큰딸에게 얘기를 했다. 말하기 전에 속으로 '엄마로서 이 아이에게 답을 줄 수 있도록 지혜롭게 말하자.' 하고 마음을 굴렸다. 신기하게도 아이가 내 제안을 선뜻 받아들인다. 그러고는 자신의 화를 다스리는 큰딸을 보며 요즘 딸이 많이 달라졌음을 느꼈다. 아침에는 아이들과 남편을 위해 마음을 내었다. 한 번이라도 마음을 낸 날과 그렇지 않는 날은 확실하게 차이가 있다.

〈실천 사례 3〉

아들과 딸이 또 다툰다. 이번에는 그 모습을 가만히 지켜보았다. 딸은 누나로서의 권위를 내세우려 한다. 아마 우리 부부의 모습을 보며 입력된 것이겠지. 아들은 누나를 좋아하지만 누나의 사소한 간섭이나 무시하는 듯한 태도에는 화를 낸다. 권위적인 태도, 공격적인 말투, 상대를 제압하려는 듯한 비꼬는 말투, 그런 것들이 아들을 자극해서 결국 싸움이 벌어진다. 딸은 딸대로 동생의 그런 태도를 못 견딘다. 둘의 모습을 보니 나의 평소 태도와 말투가 그대로 보인다. 딸에게 부드럽게 반응하는 엄마의 모습을 얼마나 보여 주었던가······. 앞으로 솔선수범하자고 마음을 내었다. 나의 실천으로 딸의 마음에 입력된 엄마의 모습이 바뀌고, 딸의 성품도 좀 더 부드러워지기를 바란다.

우리, 안아 줘요

멘트 오늘은 소통에 대해 함께 생각해 보려고 합니다. 소통이란 말은 막히지 아니하고 잘 통한다, 서로 뜻이 통하여 오해가 없다는 뜻입니다. 이번 차시는 자녀와의 소통을 잘하기 위한 탐색이라고 할 수 있습니다. 우리는 그동안 나와 소통하는 훈련을 해 왔습니다. 자신이 어떤 식으로 소통방법을 익혀 왔는지 정리해 보고, 그것을 바탕으로 자녀와 보다 지혜롭게 소통할 수 있는 경험을 나누어 보겠습니다.

◉ 내면의 통신처

그동안의 실천 경험을 토대로, 자신이 생각하는 소통의 의미에 대해 정리하고 팀원들과 공유한다. 진행자는 다음의 멘트를 참고하여 참다운 소통은 자신의 내면의 통신처를 통해 이루어짐을 확인해 준다.

〈활동지 양식〉

※ 그동안 우리는 자신과의 소통을 원활하게 하는 실천을 해 왔습니다. 그 과정에서 자녀, 배우자, 주변 사람들과의 관계도 풀어 내는 경험을 하였습니다. 나의 경험과 변화를 정리해 보세요.

1. 나 자신의 내면과의 소통은 어떠한가요?
2. 자녀, 배우자와의 소통은 어떠한가요?

멘트 우리는 소통을 잘하기 위해서 상대에게 말과 행동을 어떻게 효과적으로 전달할 건지, 어떻게 하면 상대의 마음이나 행동을 바꿀 수 있을지를 생각합니다. 그런데 프로젝트를 하면서 오직 내 마음을 살피고 다스리는 데 중점을 두었는데도, 내마음이 상대에게 전달되고, 상대의 말과 행동이 달라지는 것을 경험하였습니다. 그것이 가능한 이유는 모두가 각자 내면에 통신처를 가지고 있어서 서로의 마음이 통하기 때문입니다.

내면의 통신처를 통해 마음으로 주고받는 소통은 실질적인 이익을 줍니다. 안으로 마음을 굴려 쓰게 되니 말과 행동이 부드러워지고, 상대가 느끼는 거부감은 줄면서 서로의 마음은 자연스럽게 움직이게 됩니다. 부정적인 말과 행동이 줄어드니까, 얼굴 붉히는 일도 줄어들어 함께 자존감을 지켜 나갈 수 있습니다. 전체가 한마음으로 연결되어 있는 통신처이기에 서로에게 이익이 되는 지혜로운 해결방법도 떠오릅니다.

앞으로 어떠한 인간관계에서든 우리의 실천 경험을 살려서 내면의 통신처를 잘 활용하시기 바랍니다.

◉ 소통의 경험 나누기

1. 부모로서 자녀와 지혜롭게 소통하는 경험들을 공유하는 활동으로 네 가지의 주제를 제시하여 그와 관련된 사례들을 나누며 서로 배운다.
2. 진행자는 주제에 대한 이해를 돕기 위해 해당하는 사례를 들려준다.
3. 교육생은 워크북에 있는 활동지에 자신의 경험을 간단하게 메모한다.
4. 함께 공유하는 시간을 갖는다.

멘트 이번에는 지혜로운 소통을 위한 사례를 나누며 서로 배우는 시간을 갖겠습니다. 프로젝트를 하시면서 자녀와의 관계를 한결 편안하게 이끌어 가는 경험을 대부분 하셨을 것입니다. 부모로서의 나를 고집하지 않고, 때로는 친구처럼, 언니나 형처럼, 동생처럼 자녀의 눈높이에 맞추어 응할 수 있는 힘이 생겨서 가능했던 것이지요. 이 자리에서 서로의 경험을 공유한다면 좀 더 지혜로운 소통능력을 기를 수 있을 것입니다. 네 가지 주제를 정해서 그에 대한 이야기를 팀원들과 나누어 보도록 하겠습니다.

주제 1. 같은 상황, 다른 생각

멘트   자녀와 부모는 같은 상황에 대해 서로 너무나 다르게 생각할 때가 많습니다. 물론 살아온 경험치가 다르기 때문에 그렇겠지요. 실제로 성인과 10대들은 똑같은 상황에 대해 반응하는 뇌 부위도 다르다고 합니다. 공포에 질린 얼굴을 보여 주었을 때, 성인들은 100% 어떤 표정인지 알아맞힌 반면, 청소년들은 50% 정도가 놀란 표정이라 했고, 나머지는 슬픈, 혼란스러운 표정, 심지어 행복한 표정이라고까지 답변했다는 연구결과가 있습니다. 그래서 보이는 모습만 보고 판단하면 서로 오해하기가 쉬운 것이지요. 자, 이런 오해의 경험들을 공유하며 배우는 시간을 갖겠습니다.

〈사례〉

1. 방 청소에 대해 부모와 소통하고 싶은 자녀가 만들어서 부모에게 보여 준 작품

나의 방

나의 관점

엄마의 관점

엄마의 묘사

2. 작은애가 며칠 동안 유난히 짜증을 낸다. 이것저것 원인을 찾아보아도 알 수가 없어 '나의 무엇이 부족한지'를 생각해 보았다. 늘 너무 바빠서 아이가 자기 일은 알아서 잘 하리라 생각하고, 무조건 아이에게 맡겨만 놓은 것이 원인이었다. 아이가 관심을 보여 달라고 이미 사인을 보냈었다는 사실을 알아차렸다. 작은애가 발레를 하는데 발바닥이 많이 아프다고 내게 하소연을 자주 했었다. 그때마다 "엄마가 오늘 너무 피곤하니까 네가 파스 붙여." 하고 지나치곤 했었다. 아이는 발이 아파서 발레를 안 하겠다는 것도 아니고, 대신 아파 달라는 것도 아니었다. 아이가 정말 원하는 것은 "많이 아프겠다." 하는 다정한 말 한마디였는데……. 난 도대체 무슨 생각을 했던 걸까?

3. 학교 갔다 온 손녀의 일과는 간식 먹고, 수영 가고, 밥 먹고, 숙제하고, 씻고, 자는 것이다. 이런 일과 속에서 아이는 뭐 하나를 하려면 시간을 질질 끌어서, 이걸 볼 때면 피로감이 훅 올라오곤 했다. 그런데 오늘은 숙제가 많아 시간에 쫓겨 아이가 착착 움직일 수밖에 없었다. 잘 시간이 되니 오늘은 알찬 하루를 보냈다는 생각에 나는 마음이 뿌듯하고 좋았다. 그런데 잘 자라고 인사를 하니, 갑자기 아이가 울음을 팍 터뜨린다. 깜짝 놀라 물으니 "할머니, 난 오늘 하나도 못 놀았어요." 한다. 우리는 이렇게 극과 극의 하루를 보내고 있었다.

주제 2. 한생각 바꾸기

멘트   내가 한생각을 바꿈으로 인해 갈등했던 문제나 관계가 풀려서 소통이 된 경험이 있으시지요? 바뀐 한생각은 '내가 왜 그 생각을 못했지?'라는 생각이 들 만큼 단순하고 명쾌합니다. 그래서 생각의 감옥에서 나와야 한다는 지혜의 말씀도 있는 거지요. 내 관점을 바꾸어서 소통한 경험을 나누어 보겠습니다.

〈사례〉

1. 매일 끼니 때마다 밥 한 공기를 아이에게 먹이려고 3시간을 쫓아다녔다. 어느 날 그렇게 살고 있는 자신의 모습이 한심스러워 멍하니 앉아 있던 엄마의 번쩍하는 한생각 '우리 아이가 소화기능이 약할 수도 있겠구나. 무조건 아이가 한공기를 다 먹어야 한다는 생각을 하고 있구나.' 그리고 나니 음식이 입에서 완전히 다 씹어질 때까지 우물거리는 것, 엄마가 재촉을 하니 이리저리 피해다니는 모습이 보였다. 그다음부터는 반 공기를 먹든 더 적게 먹든 억지로 먹이지 않는다. 재촉하지 않으니 아이도 편하고 나도 좋다.

2. 저녁이면 집에 와서 남편이 제일 먼저 하는 말은 "밥 줘."다. 경상도 남자도 아닌데……. 아이가 크면서부터 거의 둘이서만 밥을 먹게 된다. 그러다 보니 집밥에 대한 의무감이 약해지면서 "밥 줘." 란 말은 내게 점점 부담이 되었다. 급기야는 제일 듣기 싫은 말이 "밥 줘."가 되어 버렸다. 그날도 현관문 소리가 나면서 어김없이 남편의 "밥 줘." 소리가 들렸다. 그런데 마침 현관 쪽에 있던 나는 그 말을 하며 활짝 웃고 들어오는 남편의 표정을 본 것이다. 그 순간 오랫동안 나를 불만스럽게 하던 "밥 줘."라는 말이 남편에게는 다정한 인사말이었다는 것을 깨달았다. 그 사실을 알고 나니 더 이상 그 말이 싫지 않아졌다. 내가 이제 이해했다는 것을 알아차려서일까? 남편의 "밥 줘."도 슬그머니 사라지고 있다.

주제 3. 자녀에게 기회 주기

멘트 자녀와의 관계가 부모는 항상 도움을 주고, 자녀는 항상 도움을 받는 일방통행의 소통구조를 갖어야 한다는 생각을 바꿔 보는 것은 지혜로움일 것입니다. 늘 가르쳐 줘야 하는 관계, 가르침을 받아야만 하는 관계는 서로 피곤합니다. 때로는 자녀가 도와주고 싶은 마음이 일어나도록 부모가 조금 부족한 듯한 모습을 보이는 것도 좋습니다. 또 자녀들끼리 서로 도움을 주고받는 기회를 주는 것도 좋은 소통방법입니다. 두 가지 다 자녀의 내면을 한층 성장시켜 줍니다. 그런 경험이 있다면 함께 나누어 보세요.

〈사례〉

1. 초등학교 입학을 코앞에 두고 슬슬 걱정이 된 나는 큰아이와 한글공부를 하게 되었다. 한글을 가르치면서 처음으로 아이에게 화를 냈던 것 같다. 결국 한 달 가르치다 포기하고 말았다. 둘째 아이는 따로 공부를 안 시켰는데도 과자를 먹으며 포장지의 글을 읽는 등 혼자서 글을 터득했다. 나는 큰아이가 작은아이의 모습을 보며 상처를 입을까 봐 걱정이 되었다. 그래서 두 아이를 불러 놓고 큰아이에게는 "네가 한글을 못 읽는다 해서 잘못된 것도 아니고, 형이 아닌 것도 아니니 형 역할을 자신 있게 해라.", 그리고 둘째에게는 "네가 한글을 읽는 것은 기특하다. 그러나 글을 읽는다고 해서 형보다 모든 것을 다 잘하는 것이 아니다. 그러니 항상 형을 형으로 대우해 줘야 한다."고 이야기를 해 주었다. 그러던 어느 날 보니 큰아이와 작은아이가 같이 즐겁게 한글공부를 하고 있었다.

2. 우리 시어머니는 독특한 대화법을 가지고 계신다. 내가 무엇을 여쭐라치면 거의 대부분 잘 모른다고 하신다. 그런데 같이 지내다 보니 그 대화법이 시어머니와 며느리인 나의 관계를 갈등을 줄이면서 편하게 지내도록 도와주고 있었음을 알게 되었다. 남편은 "어머니는 잘 모르시니까 이렇게 해 드려." 하고, 나도 "정말 그래." 하면서 알아서 챙기게 되는 것이다. 어느새 나도 은연중에 그 방법을 배웠나 보다. 아이들이 성장하며 진로나 학습에 대해 내게 의지할

때가 있다. 같이 고민하기도 하지만 때로는 "엄마라고 다 잘 아는 게 아니야. 너도 잘 알아봐. 뭘 해야 하는지 너 마음속 깊이 물어보면서 말이지." 하고 대답한다. 그러면 아이는 "도서관에 가서 책 좀 찾아봐야겠어." 하면서 눈을 반짝인다.

주제 4. 마음을 감추지 말고 비우면서 표현하기

멘트   이 세상은 마음으로 다 연결되어 서로 주고받으며 살아가고 있습니다. 그런데 마음은 안 보이니 다른 사람은 모를 거라 생각하는 것은 착각입니다. 특히 자녀와 부모는 더 쉽게 통신이 된다고 합니다. 그러니 자녀는 부모가 자신을 어떻게 생각하고 있는지 당연히 잘 알고 있지요. 그러므로 자신의 생각을 먼저 비우고 표현해 주어야 합니다. 예를 들면, 부처님도 자신의 아들이었던 라홀라의 잘못된 버릇을 고쳐 주기 위해 몸소 찾아갔습니다. 찾아가서 강압적으로 혼내지 않고 어린 라홀라가 잘 알아들을 수 있도록 비유를 통해 스스로 자신의 잘못을 자각하게 했습니다. 스스로 깨우치게 하여 잘 이끌었습니다. 부처님은 누구 못지않게 소통에 능했으며 마음을 잘 썼습니다. 다음 사례는 부모가 얼마나 마음을 잘 써야 하는지 보여 줍니다. 비슷한 사례들을 나누어 보세요. 자녀가 잘한다 못한다 분별하여 쌓기보다는 굴려 놓고 비우며 적절하게 표현하는 훈련을 하는 게 지혜로운 소통의 기술임을 알 수 있을 것입니다.

〈사례〉

1. 아이에게 잔소리를 자꾸 한다는 생각이 들면서부터 꾹꾹 참았다. 그렇게 지내다가 어느 순간 나도 모르게 폭발을 했다. 참다 참다 폭발한 어느 날, 아이가 내게 준 충고 한마디, "엄마, 참지 말고 차라리 그때그때 말씀하세요. 엄마가 참았다 한꺼번에 말씀하시면 나는 어떡하라고요? 맘에 안 드는 거 말씀하셔도 좋으니 그냥 부드럽게만 말해 주세요."

2. 주의력 결핍 증상을 가지고 있는 작은아이는 중학교에 가더니 홍수처럼 밀려드는 지식 앞에서 자포자기 상태에 빠졌다. 그런 아이를 볼 때마다 안쓰럽고 한심해 보이기도 했지만 겉으로는 초연한 척 연기를 했다. 그리고 그런 면에서 참 쿨하고 괜찮은 엄마라고 생각했다. 그런데 그건 정말이지 나의 착각이었다. 어느 날 아이가 자기의 자존감과 자신감을 떨어뜨리는 사람은 그 누구도 아닌 엄마라고 했을 때 나는 머리가 멍해지고 말았다. 게임을 하거나 빈둥거릴 때 말 없이 안방으로 들어가 버리는 엄마의 모습, 시험기간인데도 공부

를 안 하고 있으면 자기와 시선을 피하며 이맛살을 찌푸리는 엄마의 모습을 보면서 한없이 자존심이 무너졌다고 한다. 아무것도 못 느끼고 그저 천하태평인 줄 알았는데 끊임없이 엄마의 마음을 읽고 눈치를 보며, 엄마의 뜻대로 따라가지 못하는 자신을 자책하고 있었던 것이다.

🔘 자녀와 함께 마음공부를

　　자녀와 마음공부를 함께함으로써 자녀의 인간관계에 도움을 줄 수 있다. 특히 친구관계나 이성문제 등으로 갈등이 있을 경우에는 구체적으로 어떻게 마음을 굴려놓아야 할지 의견을 나누고 함께 지켜보면서 더불어 성장할 수 있다. 다음 사례를 듣고, 자녀의 고민에 대해 함께 마음을 내는 문구를 만들어 본다.

　　멘트　우리가 자녀와의 소통을 잘하기 위해 고민하듯, 자녀도 자신의 삶 속에서 만나는 사람들과의 관계에서 갈등과 고민을 겪습니다. 자녀가 좋은 친구들과 만나고 있는지, 이성친구는 없는지 등의 인간관계는 부모에게도 큰 관심사가 됩니다. 그렇다고 함부로 이래라 저래라 가르쳐 줄 수도 없는 영역이기도 하지요. 이럴 때 부모가 자녀에게 어떤 도움을 줄 수 있을까요? 여기에서 배운 마음의 소통법을 알려 주는 것도 좋겠지요. 그러면 다음 사례들을 듣고, 현재 자녀의 친구관계, 이성친구 관계, 학습능력 등의 향상을 위해 자녀와 함께 마음을 낼 수 있는 문구를 만들어 보겠습니다.

〈사례〉

1. 어느 날 작은아이가 친구를 데리고 왔다. 그런데 그 친구의 옷차림새가 얌전치 못하고 말하는 것도 덜렁대서 맘에 들지 않았다. '이 아이랑 놀다가 잘못된 길로 빠지는 건 아닌가?' 하는 등의 부정적인 생각도 올라왔다. 그다음부터는 아이가 늦으면 전화해서 "너 지금 어딨니? 누구랑 있는 거냐?" 하고 자꾸 간섭하게 되었다. 결국 아이는 그런 질문을 할 때마다 거짓말을 하고 나를 피하려고 했다.

　　자꾸 아이와의 관계가 불편해지면서 내가 왜 아이의 친구에 대해 집착할까 생각해 보았다. 아이가 잘못되면 내가 힘들고 그게 싫다는 마음이 있었다. 내 생각으로 그 아이가 딸에게 안 좋은 영향을 미칠 거라고 단정하고 있었고, 자녀가 왜 그 아이와 친하게 지내는지에 대해서는 알려고도 하지 않고 있었다. 그래서 아이에게 "네 생각에 그 친구가 괜찮다고 하니 엄마가 너의 판단을 믿어 줄게."라고 말해 주었다. 말은 그렇게 했지만 정말로 자녀를 믿어 주는 그 마음이 부족하다는 걸 알게 되었다. 부정적인 생각은 누가 믿어라 하지 않아도 믿어졌는데, 긍정적으로 생각하는 것은 쉽지가 않다. 그래도 아이를 감시하듯 하지 않고 내 마음을 내려놓는 데 초점을 맞추니 아이가 스스로 자신의 친구관계에 대해 생각하고 풀게 되었다.

2. 학교에서 돌아온 큰아이가 심각한 얼굴로 자기 방으로 들어간다. 무슨 일이냐고 물어도 그냥 나가라고만 한다. 몇 시간이 지난 후 친한 친구들이 자기를 왕따시켜서 괴롭다고 한다. 왜 그러는지 이유도 모른 채 혼자 끙끙대면서 일주일 넘게 견뎌 왔던 모양이다. 그리고 학교에서 혼자가 된다는 건 지옥 같은 일이라고 학교에 가기 싫다고 운다. 마음이 너무 아팠다. 생각 같아서는 그 아이들을 혼내 주고 싶었지만 마음을 가다듬고 말했다. "엄마가 학교에 찾아가 너를 힘들게 한 친구들을 혼내 주고 싶지만 그건 도움이 되지 않을 것 같은데, 너는 어떻게 생각하니?" 아이가 그러면 자기가 더 이상해지니 오지 말라고 한다. 내가 다시 말했다. "그러면 다른 방법이 있는데 너와 그 아이들 모두 좋아지는 방법이 있어. 그것은 왕따시키고 싶은 마음도, 왕따시키고 싶지 않은 마음도 모두 같은 자리에서 나오는 거야. 그러니 그 마음들이 나오는 한마음자리에 '너만이 왕따시키지 않게 해. 두루두루 잘 지낼 수 있게 하는 것도, 나와 아이들 모두 마음 밝아지게 하는 것도 너뿐이야.' 하고 마음으로 통신을 보내는 거야. 어때? 그냥 울고만 있는 것 보다 정말 그러는지 한번 실험해 볼래? 엄마도 같이 마음을 낼게." 그동안 크고 작은 일이 있을 때마다 마음 내는 법을 가르쳐 주었지만 그런 게 어딨냐고 짜증을 내던 아이였는데 자기도 급했는지 이번에는 한번 해 보겠다고 한다.

그래서 둘이 구체적으로 어떻게 마음을 낼 것인지 종이에 적었다. 그러고 나서 아이의 책상, 화장실, 현관문에 붙여 놓았다. 그리고 자연스럽게 그 종이를 보면서 힘들 때마다 마음을 내었다. 통신이 될까 하는 걱정이 되기도 했지만 진심으로 마음을 내었다. 얼마 지나지 않아 아이에게 큰 변화가 왔다. 자기를 왕따시킨 아이들이 밉고 싫은 마음으로 가득했었는데 오히려 마음 내는 것을 알게 해 주어서 고맙다는 생각이 든다고 했다. 그 말을 듣는 나는 감사해서 눈물이 쏟아졌다. 아이는 그런 마음으로 학교생활을 해 나갔고, 혼자라는 생각도, 왕따당한다는 생각도 안 하게 되면서 얼굴이 다시 밝아졌다.

어느 날 왕따를 시킨 아이들 중 한 명이 혼자 지내게 해서 미안하고 앞으로 친하게 지내자고 문자를 보내 왔다. 아이가 내게 문자를 보여 주면서 마음으로 통신해 보니 나도 좋지만 친구들도 같이 좋아져서 고맙고 감사하다고 한다. 지금은 친구관계에 대해서 이렇게 마음을 낸다고 한다. "주인공, 친구들과 지낼 때 지혜롭게 말하고 행동하게 해."

〈활동지 사례〉

※ 자녀가 고민하는 것은 무엇인가요? A4를 활용하여 긍정적으로 굴려 놓는 문구를 만들어 보세요. 그리고 자녀에게 주인공은 자신의 본래 마음이며 무한 에너지임을 알려 주고, 한 주 동안 함께 마음 내 보세요. 나의 참성품은 무한한 광명에너지이며, 우리는 이 에너지를 마음대로 꺼내 쓸 수 있습니다.

1. 자녀가 요즘 고민하고 있는 것은 무엇인가요?
   ① 딸이 아침에 일어나는 것을 너무 힘들어한다.
   ② 아들이 시험성적이 떨어져 고민하고 있다.
   ③ 스마트폰 사용을 마음대로 자제하지 못한다.

2. 자녀의 고민에 대해 함께 마음 낼 문구를 적어 보세요.
   ① 내가 아침에 일찍 못 일어나는 것은 잘한 것도 잘못한 것도 아니야. 그 동안 입력된 대로 나오는 거지, 규칙적인 습관으로 일찍 일어날 수 있기를 발원합니다.
   ② 주인공, 성적이 떨어진 것도 고정된 게 아니잖아. 공부할 때 지혜롭게 해.
   ③ 주인공, 스마트폰을 하는 것은 좋은 것도 나쁜 것도 아니야. 그렇지만 내 할 일은 하면서 해야 하지 않겠어, 조절하게 해!

마음으로 읽는 글

마음속의 통신처

지금 여러분이 마음을 공부하면서 어떠한 마음을 내고 또 생각하고 행하고 이러는 것이 그대로 에너지로 발생됩니다. 음파로서 발생됩니다. 그러니까 인간만 듣는 게 아니라 하다 못해 미생물에까지도 음파가 통합니다. 그래서 우리가 기도를 할 때 바깥으로 한다면 통신처 근처도 가지 못하기 때문에 통신이 안 되는 겁니다. 모든 것은 여러분의 마음속에 있으니까요. 그렇기 때문에 항상 간단하게 내 근본 마음에 모든 것을 다 굴려 놓으세요.

이 모두가 이 마음 안에 안 들은 게 없습니다. 그래서 보물이라고 하는 겁니다. 보배라고 하죠. 그 속에는 젖은 거 마른 거, 더러운 거 깨끗한 거, 또는 좋은 거 나쁜 거, 높은 거 얕은 거, 모두 일거수일투족이 다 그 안에 들어 있기 때문에 그 안에 있는 그 자체를 내가 잘 생각해서 컴퓨터에 입력이 되게 하는 것입니다. 그냥 그렇다고 근심 걱정을 해 가면서 생각하라는 게 아닙니다. 살아 나가다 보면 인의롭고 여유 있고 지혜롭고 자비한 그 마음으로 남을 해롭게 안 하고 또는 가정에서도 부드럽고 남의 탓을 안 하고 이렇게 해 나간다면 저절로 컴퓨터에 입력이 돼서 통신이 되는 겁니다.

그래서 내가 생각하는 걸 이 세상에 어느 누구든지 알지 못하는 사람이 없고 듣지 않는 사람이 없으며 새도 듣고 하다못해 개구리도 듣고 있습니다. 내가 마음먹은 것을 그렇게 듣고 있는 이가, 듣고 있는 자들이 이 허공에 꽉 차 있기 때문에 바로 남이 모른다고 하는 그 생각이 어리석다 이겁니다. 그러니만큼 그 어리석은 마음으로 하면 모두가 마음을 주지 않습니다. 그러나 모든 생명이 다 듣는다고 생각을 하고 모두 이롭게 생각을 내준다면, 모든 것을 다 말입니다. 이롭게 생각을 내준다면 우리가 어떠한 문제로 인해서 죽어 갈 때도 다 이롭게 살려 줍니다.

부모와 자식은 통신이 더 잘 됩니다

마음은 문도 필요 없고 여는 것도 필요 없고 닫는 것도 필요 없고 벽도 없는 것입니다. 마음이라는 건 마음속에 넣을 수가 있지만, 말이라는 건 마음속에 넣을 수가 없습니다. 통할 수가 없습니다. 마음에 마음이 들어가서 합쳐지면 불이 들어오고, 불이 들어온다 하는 것은 사랑의 메아리로 모두 다 엮어지는 것입니다.

사랑이라는 것은 몸으로써 몸소 붙잡아 주고 말해 주고 이래서 사랑이 아니라, 이어지지 않으면서도 전달되는 마음입니다. 사랑의 손길이란 그렇게 전달되지 않으면서 이어 가는 그 마음이죠. 거기에 자녀들과 남편을 비롯한 가족 모두가 서로 화목하게 이루어 나가고 또는 이탈되지 않는 방법이 있죠. 아무리 나쁜 일을 하고 공부를 안 한다 하더라도 말로 해서 되는 일이 아니고 욕을 해서 되는 일도 아닙니다. 전력은 이 전구나 저 전구나 똑같듯이 우리의 마음들도 똑같이 아들이라는 그 연결, 또는 어머니, 아버지라는 걸 알기 때문에 연결이 된 거죠. 전력은 다 똑같습니다.

당장 애가 나가서 죽는다 이러더라도 걱정을 안 하고 '거기에서 나온다.' 하는 거를 안다면 그 애는 나가서 죽지 않습니다. 왜냐하면 내가 생각한 것이 벌써 전체 통신이 되기 때문이죠. 연결이라고 하는 소리가 무슨 소리냐 하면, 내 형이라는 거를 알고 있으니까 연결이고, 아들이라는 거, 마누라라는 거 알지, 어머니라는 거 알지, 다 알아요, 여러분 가족은? 그러니까 급하면 급한 대로, 절친하면 절친한 대로 다 알고 있습니다. 알기 때문에 연결이 됐다는 겁니다. 그러니 내가 한생각을 그렇게 하는 동시에 식구들까지도 다 통화가 돼요. 통신이 됩니다. 연결도 천차만별이지만 그래도 자식이라는 연결이 제일 가깝습니다. 자기 생명까지도 버리면서 자식을 생각하는 부모의 마음의 연결이기 때문에 거기까지 불이 들어올 수 있는 겁니다. 그러니 거기에서 벌써 '난 집으로 들어가고 싶구나.' 이러고는 저절로 들어오게 됩니다. 자동적입니다. 이렇게 자동적으로 사람을 다뤄야 그게 이심전심입니다. 두 마음이 아니고 한 마음으로 돌아가는 겁니다. 거듭 말하지만, 부모−자식 간에는 누구보다도 더 잘 통신이 되게 되어 있습니다. 마음으로 연결이 되어 있어서 어머니 마음에 불이 들어오면 자식 마음에도 불이 들어옵니다. 그 점을 굳게 믿으셔야 합니다.

우리가 말로 행으로, 또는 돈을 잘 주거나 옷을 잘 입히거나 잘 먹이거나 이러는 것이 그 사람을 제대로 사랑하는 게 아닙니다. 진짜로 사랑을 하는 것은 정신력을 길러 주는 것이고 그 보배를 찾게 하는 것은 전 세계, 전 우주를 맡겨 주는 거나 다름없는 겁니다. 재산 물려 주는 것보다도 더 좋은 거죠.

자녀들을 기를 때 용돈 많이 주지 마시고, 아주 모자라게도 주지 마시고 너무 넘치게도 주지 마세요. 그리고 겉으로 쓰다듬고 이쁘다고만 하지 마시고 속으로 항상, 그저 겉으로는 팽개쳐 놓은 거와 같아도 부드럽게 말해 주고, 부드럽게 대해 주긴 하지만 항상 집착을 두지 마세요. 집착을 하면 그건 자기가 자기 나름대로의 큰 일을 못하고, 자기 나름대로의 걸음을 걸어가지 못하고, 자기 나름대로의 빛을 내지 못합니다.

깨우치면서 소통하기

대부분 학부모들이 아이에게 지시하고, 가르치려만 하지 마음을 주고받으며 소통하거나 스스로 깨우치도록 이끄는 것은 부족하다고 합니다. 놀라실지 모르겠지만 부처님도 자식이 있었습니다. 출가 전에 결혼생활을 하고 자식 라훌라를 낳았던 것이지요. 그런데 라훌라도 어린 나이에 집을 떠났습니다만 장난기도 심했고 거짓말도 심심치 않게 했던 모양입니다.

부처님은 그런 라훌라를 잘 다스려 주기 위해 몸소 라훌라가 있는 곳으로 찾아갑니다. 가서는 라훌라에게 부탁합니다.

"라훌라야. 대야에 물을 떠다 내 발을 좀 씻어 줄 수 있겠니?"

라훌라는 물을 떠다 부처님의 발을 씻어 드렸습니다.

"라훌라야, 발 씻은 이 물을 보아라. 이 물을 마실 수 있겠니?"

"발을 씻어 더러워진 물을 어떻게 마실 수 있겠어요? 갖다 버려야지요."

"그래. 더러워진 물은 다시 쓸 수가 없다. 너도 마찬가지로 노력을 게을리하고 거짓말을 해 더러워진 물처럼 되었구나. 대야의 물을 내다 버려라."

라훌라는 대야의 물을 버렸다. 부처님은 다시 말씀하셨다.

"대야가 비었는데 거기에 음식을 담을 수 있겠니?"

"담을 수 없습니다. 발을 씻어서 더러워졌기 때문이지요."

"그래. 너는 집을 나와 스님이 되었으면서도 진실한 말이 적고 생각은 거칠며 정진을 게을리 한다. 그래서 여러 사람들에게서 비난을 받고 있기 때문에, 발 씻은 대야에 음식을 담을 수 없는 것과 같다."

부처님은 또 말씀하신다.

"라훌라야, 너는 혹시 저 대야가 깨질까 걱정하느냐?"

"발 씻은 그릇이고, 또 값이 헐한 물건이라서 별로 걱정하지 않습니다."

"너도 그와 같다. 몸으로는 함부로 행동하고 입으로는 거친 말과 나쁜 욕설로 남을 헐뜯는 일이 많으므로 사람들은 너를 아끼거나 좋아하지 않는다. 만일 그 버릇을 고치지 않고 나쁜 일을 되풀이하면 많은 고통을 받을 것이다."

라훌라는 이러한 부처님의 가르침을 받고 스스로 깨우칩니다.

여기서 우리가 주목할 점은 부처님이 라훌라를 교육하기 위해 직접 찾아가서 소통하고 표현했다는 점입니다. 제멋대로 자라도록 방치하지 않고 나쁜 버릇을 고쳐주기 위해 마음을 열었던 것이지요.

또 한 가지 중요한 사실은 자식이 자신의 잘못을 느끼고 스스로 깨우치게 했다는 점입니다. 많은 부모들이 자식에게 일방적으로 자신의 생각을 강요하거나 꾸짖는 경우가 많습니다. 부처님은 대야를 비유로 들어 아들이 스스로 깨우치도록 애썼습니다. 시간이 걸리더라도 아이가 자신의 문제를 스스로 깨닫고 해결할 수 있도록 곁에서 지켜보고 도운 것이지요.

실천해 봐요

멘트 둘째가 자꾸 첫째 옷을 입으려고 해서 시끄러운 소리가 납니다. 엄마는 반사적으로 둘째를 꾸짖었고, 아이는 말 없이 문을 꽝 닫고 나가 버려요. 순간 속으로 화가 났지만, 엄마는 아이가 왜 그랬는지 생각해 봅니다. 그리고 아차 싶었지요. 딸이 아토피가 심해 팔을 가리고 싶어서 언니의 여름용 긴팔 옷만 입으려 한 거죠. 아이가 엄마에게 몇 번이나 옷 좀 사 달라고 말했는데, 들으면서 '여름옷이 많은데…….' 하고는 무심하게 지나쳐 버렸던 게 기억이 납니다. 그날 저녁 긴팔 옷 세 벌을 사다 주니 아이가 깜짝 놀라며 "엄마, 어떻게 내 맘을 알았어요? 고마워요." 합니다. 엄마는 아이가 지나가는 말처럼 옷 사 달라고 한 것으로 기억하고 있지만 아이의 마음은 그게 아니었죠. 내 생각으로 가득 차 있으면 아이가 무슨 생각으로 그렇게 말하는지, 언제 반응해야 하는지 알 수가 없습니다.

이번 주는 자꾸 내 마음을 비우면서 내면의 통신처에 지혜로운 소통을 할 수 있도록 마음을 내는 훈련을 해 보세요. 그리고 자녀에게도 마음으로 소통하는 방법을 알려 주시기 바랍니다.

과제 1 '마음을 다스리는 A4'로 내 마음을 비우면서 가족과 마음으로 소통하기

과제 2 자녀에게 마음 내는 방법 알려 주고 함께 마음 내기

과제 3 화합과 소통의 마음을 담아 가족을 위해 무엇이든 하기
(예: 식사 준비할 때, 감사와 사랑의 마음 담아 하기)

〈참고 도입자료 1〉

자녀의 생활 속에서 쓰는 단어에 대해서, 부모와 자녀가 각자 어떻게 해석하고 있는지 그 차이를 알 수 있다. (출처: 조선일보, 2012. 3. 23.)

단어	부모가 쓰는 뜻	자식이 듣는 뜻
학교 폭력	신문/방송으로 보며 혀를 차게 되는 학교를 중심으로 벌어지는 폭력	교실 안과 밖에서 매일 일어나는 현상
왕따	따돌리는 일 또는 따돌림당하는 사람	언제 내가 당할지 모르므로 늘 조심 또 조심해야 하는 일
무리	사람과 짐승 따위가 뭉친 동아리	끼면 즐겁지만 끼지 못하면 왕따 당할 수 있는 위험한 공동체
교사	학생을 가르치는 사람	때로는 존재 이유를 모를 사람
성(性)	남녀의 육체적 관계 혹은 그와 관련된 일	부모에게 들키면 개 쪽팔리는 일
부모	아버지와 어머니	믿고 이해 안 되는 답답한 양반들
비교	둘 이상의 사물을 견주는 것	부모가 내 기를 죽이고 싶을 때 쓰는 방법
독단	상의 없이 혼자 판단하고 결정하는 것	아이들 생각은 꿈일 뿐이고 어른이 다 옳다는 말
자신감	스스로에 대한 신뢰와 확신	어른들은 자꾸 가지라고 하지만 절대로 존재할 리 없는 느낌
대화	이야기를 주고받는 것	하고 싶었고, 하지 못했고, 쓸모없어진 그 무엇

〈참고 도입자료 2〉

똑같은 말을 들어도 서로 다르게 반응할 수 있음을 확인할 수 있는 간단한 게임으로 진행자가 화자, 교육생은 청자가 된다.

1. 규칙: 청자는 눈을 감는다. 청자는 화자에게 질문할 수 없고 화자가 말하는 대로 무조건 따라한다.

2. 준비물: A4 용지

3. 진행순서: 화자는 청자의 활동상황을 확인하면서 진행한다.

① 손에 A4 용지를 들고 눈을 감으세요. 질문은 할 수 없습니다. (눈 뜨지 않도록 주의를 준다.)

② 용지를 반으로 접으세요. 다시 한 번 더 접습니다. 한 번 더 접으세요.(총 3회)

③ 접은 종이의 가장 중간을 손톱 만한 크기로 찢어 냅니다. 질문은 할 수 없습니다.

④ (청자가 다 찢으면) 모두 눈을 뜨세요.

⑤ 교육생들이 자신의 종이를 높이 들게 하여 서로의 종이를 확인하게 한다.

⑥ 마무리. 똑같은 이야기를 들으면서 활동을 했는데도 전혀 다른 모양이 나오는 걸 볼 수 있다. 우리가 서로 같은 말을 해도 받아들이는 사람에 따라서 전혀 다르게 해석되는 경우가 많다. 상대와 소통을 한다는 것이 쉬운 것은 아니지만, 소통의 기본에 대해 생각할 수 있다면 좀 더 나은 소통을 할 수 있을 것이다.

행복한 학부모를 위한 마음공부 – 6차시
학부모프로젝트

실천 나누기

1. 내 앞에 닥친 일들 A4로 풀어 가기
   실천 잘할 때 스스로 칭찬하기

2. 사랑쿠폰 사용하기

우리, 안아 줘요

- 내면의 통신처
- 소통의 경험 나누기
- 자녀와 함께 마음공부를

소통의 경험 나누기

주제 1. 같은 상황, 다른 생각
주제 2. 한생각 바꾸기
주제 3. 자녀에게 기회 주기
주제 4. 마음을 감추지 말고 비우면
　　　　　서 표현하기

● 같은 상황, 다른 생각

마음으로 읽는 글

- 마음속의 통신처
- 부모와 자식은 통신이 더 잘됩니다.

실천해 봐요

1. A4로 내 마음을 비우면서, 가족과 마음으로 소통하기
2. 자녀에게 마음 내는 방법 알려 주고 함께하기
3. 화합과 소통의 마음을 담아 가족을 위해 무엇이든 하기(예: 식사 준비할 때, 감사와 사랑의 마음 담아서 준비하기)

내 안의 꽃을 피워요

7차시 내 안의 꽃을 피워요

이번 차시의 주제는 '**내 안의 꽃을 피워요**'입니다. 꽃은 그 존재만으로도 주변을 밝게 만들고 사람들에게 미소와 위안을 선사합니다. 학부모 또한 성장기의 자녀를 환하게 해 주는 꽃이 되어야 합니다. 씨앗이 싹이 트고 자라야 꽃을 피우듯이, 부모님의 마음속의 씨앗도 싹이 터야 합니다. 지난 6주 동안의 마음공부는 각자의 내면에 갖추고 있는 그 씨앗에 열심히 물을 준 것과 같습니다. 이 시간에는 그동안의 공부를 돌아보면서 배우고 익힌 것이 무엇인지, 무엇이 변화되었는지 자기정리를 합니다. 그리고 앞으로도 자기의 근본이 주인공임을 잊지 않고 내 안의 꽃을 피우려는 마음을 다지게 됩니다.

진행목표

• 자신의 실천경험을 돌아보고, 앞으로 지혜로운 학부모의 길을 어떻게 걸어갈지 생각한다.

진행흐름

흐름	활동	시간(120')	준비
실천 나누기	• 실천 내용과 소감 공유	40'	워크북
내 안의 꽃을 피워요	• 교육과정 돌아보기 • 학부모의 길을 가는 자신에게 편지쓰기	40'	ppt
마음으로 읽는 글	• 참다운 내 한생각이 금이요 보배입니다	10'	ppt, 워크북
감사합니다	• 수료식	30'	수료증, 설문지

실천 나누기

한 주 동안 실천한 내용을 나눈다. 팀활동이 끝나면 전체가 함께 공유하는 시간을 갖는다. 진행자가 자신의 실천사례를 소개하는 것도 좋다.

멘트   반갑습니다. 가족과 소통이 좀 더 원활한 한 주 되셨습니까? 어떻게 지내셨는지 서로 이야기 나누면서 배우는 시간을 갖겠습니다.

〈실천 사례 1〉
남편에게 핸드폰을 그만 보라고 하고 싶은 마음을 STOP! 하고 마음을 내었다. '남편이 퇴근 후 집에 와서 핸드폰만 들여다보는 것은 좋은 것도 싫은 것도 아니야. 세상 돌아가는 것에 관심이 많은가? 그러다 보니 인터넷, 뉴스 등만 보는구나. 그래도 아이들에게 시간을 내어 같이 이야기하게 해.' 남편이 아이들과 지내는 시간이 생길 거라는 믿음이 생긴다.

〈실천 사례 2〉
오늘은 아이들 아빠를 위해 마음을 많이 내고 관찰한 하루였다. 남편이 아이를 다그칠 때가 있는데 그럴 때마다 내 안에서 불쑥불쑥 화가 나고 서운함이 느껴진다. 그래서 마음을 많이 내었다. '이 화나는 마음은 진짜 내가 아니다. 이 마음은 좋은 것도 싫은 것도 아니다. 화나는 마음을 화나지 않는 마음으로 돌려놓는다. 잘 이끌어. 그리고 저 사람이 저렇게 화를 내는 것을 그렇지 않게 할 수 있는 것도 너다. 너만이 마음을 가라앉힐 수 있다.' 하고 마음을 굴려 놓았다. 그렇게 하고 나면 일단 내 마음이 잠잠해진다.
오후에 딸이 엄마가 너무 조용히 말하니 불만이란다. 어렵다. 화내면 그게 서운하고 가만 있으면 조용해서 싫단다. '주인공, 현명한 엄마로 아이들을 잘 이끌어 갈 수 있게 항상 이끌어.'

〈실천 사례 3〉

　아들이 열이 나서 밤새 앓았는데 아침이 되니 괜찮은 것 같다. 그런데 오늘 학교에 갈까 말까 망설이는 아이를 보니 내 맘 속에서는 '저 녀석 혹시 괜찮은데 학교 빠지고 싶어서 그러는 거 아냐?' 하는 생각이 나온다. 아! 나도 편하고 싶은 거구나……. 엄마이기 이전의 본능이다. 순간 마음을 돌리고 아들에게 "오늘 학교 수업 끝까지 잘 받고 오자고 같이 마음을 돌려 볼까?" 하고 물어 보았다. 아이가 좋다고 한다. 함께 마음을 내고 학교 앞까지 바래다주었다.

〈실천 사례 4〉

　딸이 야식을 먹고 싶다고 한다. 아이는 꼭 밤에 야식을 먹는다. 그러니 살이 찌고 그것 때문에 스트레스를 받으면서도 그 습관을 바꾸지 못한다. 그래서 아이에게 제안을 했다. "너도 먹을 때는 좋지만 그다음에 후회를 하잖아. 그러니 이번부터는 꼭 필요한 것만 먹게 하라고 마음을 내 보자. 엄마도 같이 마음을 낼게." 아이가 그러겠다고 한다. 조금 뒤에 "엄마, 신기해요, 야식 먹지 않아도 될 거 같아요." 나도 신기하다. 그 말을 들으니 부모로서의 역할을 제대로 한 느낌이다.

내 안의 꽃을 피워요

진행자의 이야기를 들으며 자신의 지난 6주간의 실천을 돌아보는 시간을 갖는다.

◉ 교육과정 돌아보기

멘트 그동안 행복하셨습니까? 학부모는 배움의 시기에 있는 자녀가 아름다운 성품을 키울 수 있도록 양분을 주는 조력자입니다. 이 시기에 학부모님들이 보여 주신 모습은 자녀의 마음속 깊이 자리할 것입니다. 그래서 우리는 그 역할을 지혜롭게 하기 위해 마음공부를 해 왔습니다. 이제 학부모프로젝트를 마무리하게 됩니다. 부모님의 마음이 넉넉할수록 자녀에게 줄 수 있는 것도 많아지겠지요. 그동안 얼마나 풍요로워졌는지, 무엇을 느끼고 배웠는지, 자기정리를 해 보면 일상으로 돌아가서 생활하는 데 힘이 될 것입니다.

앞으로 살아가시는 데 도움이 될 수 있는 사례를 먼저 나누겠습니다.

첫째, 내 앞에 닥치는 상황을 나를 진화시키는 기회로 봅니다

〈사례 1〉
수학문제를 풀면서 큰아이가 작은아이를 나무란다. "너는 그것도 모르냐? 몇 번을 말해도 그러냐?" 큰아이의 말을 듣고 있는 내 마음은 나에게 배려심, 이해심을 더 키우라는 간접적인 표현처럼 느껴진다.

〈사례 2〉
학교 갈 준비로 바쁜데 아이가 머리를 묶어 달라고 한다. 풀고 가라는 말을 꿀꺽 삼키고 묶어 주었다. 너무 세게 묶었으니 다시 해 달라고 한다. 혹! 치미는 감정을 굴려 놓으며 '짜증나는 일이 있어도 예기치 않는 상황이 와도 끝까지 정성을 다하는 모습이 내가 딸에게 바라는 모습이잖아.' 하는 생각이 올라오자 마음이 그대로 가라앉는다. 늑장 부리던 아이가 문득 시계를 보더니 지각이라고 울먹이기 시작한다. "도대체 왜 그래?"라는 말 대신 눈물을 닦아 주고 안아 주었다. 아이를 보내고 돌아서는데 눈시울이 뜨거워진다. '정말 참는 게 아니고 굴리는 게 맞구나, 정말 놓으면 지혜롭게 나오는 게 맞구나.'

둘째, 항상 자신의 내면에 먼저 물어봅니다

〈사례 1〉
태권도장에 등록한 아이가 왜 자기만 하얀 띠냐며 울고불고 하는데 참 난감했다. 울고 있는 아이를 다독였다. 그리고 '저 아이가 밝고 건강하게 성장할 수 있도록 엄마로서 내가 어떻게 해야 할지 알게 해.' 매일 아침에 관을 한다.

〈사례 2〉
아이들은 언제나처럼 하루에도 몇 번씩 다툰다. 그걸 보면서 어제와 마음을 다르게 내어 보았다. 어제는 '주인공, 아이들 안에 일어나는 화는 다 입력된 거잖아. 그러니 화나지 않게 서로 이해하는 마음이 되게 해.'라고 마음을 굴렸었다. 오늘은 현명한 엄마 역할을 하자고 마음을 내었다. 지켜본 결과, 기막히게 중재를 잘했다는 거다. 아이들 모두 만족하는 결과를 얻고 나는 흐뭇했다. 이제는 조금씩 말로 하는 것보다 마음을 내는 것이 더 편안하게 느껴진다. 어떻게 해야 할지 모를 때는 마음 안으로 물어본다. 그러면 전혀 예상치 않았던 생각이 떠오르고 결과도 훨씬 만족스럽다. 마음을 굴리고 어떻게 바뀌어 나오는지 지켜보는 것은 시간이 좀 걸리지만 자꾸 연습하다 보면 빨라질 것이다. '노력의 대가는 이유 없이 사라지지 않는다.'는 말은 진리다.

셋째, 자녀와 함께 마음으로 풀어 갑니다

〈사례 1〉

막내가 많이 자랐는데도 잠잘 때 나와 남편 사이에서 잔다. 그 때문에 세 사람 모두 은근한 신경전을 벌이고 있었다. 어느 날 왜 혼자 못자냐고 살짝 물었더니 무섭다고 한다. 아이의 입장에서 보니 그럴 수도 있겠다 싶었다. 그래서 "네가 무엇을 하든, 어디에 있든 네 안에 밝은 에너지가 있어서 잘 이끌어 줄 것이니 무서운 마음이 들 때마다 그 생각을 해 봐." 하고 설명해 주었다. 그러고 나서 그 안에 엄마도 같이 있다고 다독여 주었다. 어느 날부터인가 아이가 자기 방에서 자기 시작한다. 그리고 조금 더 지나니 자기 전에 우리에게 인사도 한다.

〈사례 2〉

딸이 자꾸 늦게 자려고 한다. '아이가 피곤하니까 빨리 자게 해.'라고 마음을 낸다. 그런데 그 마음을 지켜보니 아이가 일찍 자면 내가 편할 거라는 생각, 그래야 그 다음 날도 아이를 깨우는 고생을 덜 할 수 있다는 생각, 그리고 습관이 되면 안 된다는 생각이 있었다. 이렇게 마음을 내는 것은 상황을 좋게 굴리는 게 아니라 내 욕심을 덧붙이는 거라는 생각이 들었다. 그래서 내 욕심들을 내려놓기로 했다. '아이가 스스로 할 수 있게 해.'라고 마음을 내고, 딸에게 마음을 잘 내고 자고 일어나는 것을 조절해 보라고 말해 주었다. 어느 날은 일찍 잘 때도 있고, 어느 날은 늦게 일어나 허겁지겁 학교 가느라 고생도 한다. 그래도 그냥 믿고 지켜봐 주었다. 어느 날은 친구가 모닝콜을 해 주기도 한다. 그걸 보니 웃음도 나고 한편으로는 저러면서 커 가는 거지 하는 생각이 들어 기특하기도 했다. 어느새 이런 여유있는 생각을 하고 있는 나도 기분이 좋다.

◉ 학부모의 길을 가는 자신에게 편지 쓰기

지난 6주간의 실천을 돌아보고, 행복하고 지혜로운 학부모의 길을 어떻게 걸어가고 싶은지 자신에게 보내는 편지를 써 보세요.

〈편지 사례 1〉
아이의 행동을 보며 '저건 나쁘고, 저건 옳다.' 하는 내 마음을 놓고 보니 아이의 서투른 행동들이 귀여워 보이고 노력하는 모습이 보인다. 그렇게 볼 수 있는 힘이 생겼다. 말투도 부드러워졌고 따뜻한 눈빛을 더 자주 보내게 되었다. 아이가 먼저 나에게 자신의 고민을 이야기하면서 조언을 구하는 즐거운 경험을 했다. 참 많은 것이 편안해졌다. 내가 바뀌니 아이가 바뀐다는 이치를 알게 되어 정말 감사하다. 이렇게 고정됨 없이 돌아가는 세상에서 왜 그렇게 고집스럽게 살았을까 싶다. 앞으로는 내 마음을 굴리면서 유유히 흘러가는 물처럼 살고 싶다. 그렇게 살자.

〈편지 사례 2〉
그동안 내 아이, 내 가족 중심으로만 마음을 내었었다. 그런데 이 과정을 지나면서 지금은 마음이 조금 넓어진 것 같다. 우리 가족뿐만 아니라 이 세상에 살아가는 다른 생명들도 그 마음이 밝아지고 지혜로워지도록 마음을 내게 되었다. 아이와 남편, 그리고 모든 사람이 다 자기 수준에서 열심히 살고 있다는 것을 잊지 말자. 그리고 나 자신을 더 풍요롭게 가꾸어 가자.

〈편지 사례 3〉
얼떨결에 엄마가 되고 또 학부모가 되면서 마음이 너무 우울했었다. 왜 그랬던 것일까? 이제 보니 나를 너무나 몰랐기 때문이었다. 내가 무엇을 하고 싶은지 파악도 하기 전에 엄마가 되었고, 그래서 뭔가 정리 안 된 느낌이 나를 괴롭혔던 것이다. 나는 그 무엇도 아니다, 반면에 모든 것이 될 수 있다. 그래서 학부모 역할도 잘해낼 수 있다. 아이들을 탓하기 전에, 남편을 탓하기 전에 내 마음을 돌아보자. '마음을 다스리는 A4'를 잊지 말자.

〈편지 사례 4〉

학부모프로젝트를 마치면서—

이 교육 프로그램을 통해 무엇보다 나 자신에게 집중할 수 있어서 행복했다. 딸이 내가 말하는 대로 빨리빨리 움직이지 못할 때, 늦잠 잘 때마다 서로 스트레스를 엄청 받아 관계가 더 나빠졌다. 야단치는 것을 멈추고 달래 보기도 했지만 그때뿐이어서 결국 나 혼자 전전긍긍했었다. 그런데 내 마음을 다스리면서 많은 것들이 변했다.

여기에서 제시한 대로 열심히 실천했던 것 같은데 그동안 무엇을 배웠나? 생각해 보았다. 겉으로는 아이에게 부드럽게 말해도 우리 사이가 좋아지지 않았던 이유는 서로 마음이 연결되어 있어서 아이가 내 속마음을 느꼈기 때문임을 알았다. 청소년기는 성숙해 가는 시기라 성인과 인식의 차이가 있음도 알게 되었다. 또 항상 아이의 생각은 나보다 부족하니까 내가 가르쳐야 한다고만 생각했었는데, 그것이 고정관념이라는 것도 알았다. 그리고 차츰 내 소리는 작아지고, 마음은 더욱 커진 것 같다. 아이와 함께 웃는 시간도 늘었고, 갈등이 생겨도 빨리 풀게 되었다.

지금까지 나는 아이가 다닐 학원을 선택해 주고 효과적인 공부방법을 알려 주는 것이 학부모의 역할이라고 생각했었다. 그것도 중요하지만 정말로 '지혜로운' 학부모라면 이번에 배운 것처럼 아이의 근본을 믿고, 스스로 해 나갈 수 있는 내면의 힘을 길러 주어야 한다는 것을 알게 되었다. 무엇보다 기분이 좋은 것은 딸을 볼 때마다 미래에 대한 걱정보다는 '근본 주인공, 자기 앞가림 잘하고 가게 해.' 하고 항상 마음을 내게 되었다는 것이다. 그렇게 마음을 내면 아이에 대한 걱정과 욕심이 가라앉고 왠지 자녀와 내가 밝아지는 느낌을 갖게 된다. 앞으로 내 욕심을 살피면서 아이와 즐겁게 보내고 싶다.

〈편지 사례 5〉

어느덧 학부모 프로젝트를 마치는 시간이 왔다. 아이들이 학교에 들어가면서 어디서부터 무엇을 어떻게 풀어내야 할지 막막하기만 했었다. 한때는 발 빠르게 앞선 교육정보를 탐색해서 아이들을 닦달해 가며 교육을 시키기도 했다. 나름 잘해 왔다고 느낄 즘 사춘기를 맞이한 아이가 친구관계 등에서 예상치 못했던 일들을 겪으면서 아이의 마음을 살펴 주고 내 마음을 단속하는 것이 얼마나 중요한 것인지 알게 되었다.

내 마음의 밑바닥에는 어떤 마음들이 있었던 것인가? 무심코 했던 나의 말과 행동들이 아이들에게는 어떤 영향을 준 것인가? 내가 만약 아이의 입장이 되어 부모가 끌어당기는 대로 따라다녀야만 하는 상황이라면 나는 어떻게 반응했을까? 많은 생각을 했다. 나름 부모로서 어려운 여건 속에서 노력을 하고 있다는 생각과 자기만족, 내 기준으로 요구했던 학습능력, 친구관계에서 아무런 문제가 없을 거라는 착각, 나 혼자 자녀에게 일방적으로 요구하며 맘대로 안 따라 준다고 괴로워했던 시간…. 이런 것들을 하나씩 내려놓기 시작했다. 그리고 나를 돌아보고, 내가 상처받은 것을 치유하고 다독이다 보니 아이들이 새롭게 보이기 시작했다.

내가 변하니 아이들은 기다렸다는 듯 더 빠르게 자신들의 길을 내딛기 시작한다. 조건 없이 부모가 자신을 바라보고 믿어 주고 격려해 주는 지원자가 되면 되는 것이었다. 그동안 나의 고민을 들어 주고 공감해 주고 조언을 나눠 준 우리팀 학부모님들께 감사드린다.

〈편지 사례 6〉

내면의 주인공아! 안녕? 난 마음공부를 하면서 너를 알았어. 학부모프로젝트를 마치면서 '나는 과연 주인공으로 살고 있나?'를 살펴보았지. 아직 턱없이 부족하긴 해도, 전보다 제법 단순해진 것 같아. 뭐가 단순해졌냐고? 어떤 생각이 올라와도, 무슨 일이 다가와도, 사족 붙이지 않고 단순하게, 나의 근본인 네게 맡기는 거 말이야. 여전히 미처 stop 할 새 없이 속사포처럼 밖으로 뛰쳐나가는 습관들, 생각들이 있지만 그 횟수가 확연히 줄고 있어.

그리고 이 프로그램을 하면서 앞으로 어떻게 살아야 할지가 좀 느껴졌어. 무엇을 느꼈냐고? 어느 날 아이와 함께 잠자리에 들었는데, 그날은 아이가 좀 다운된 것 같았어. 그래서 아이의 기분을 풀어 주려고, 손을 잡고, '네가 우리 집으로 와 줘서 고마워.'를 시작으로, 아이로 인해 고마운 점들을 쭉 말하는데, 생각보다 참 많더라고. 근데 갑자기 생각지도 않은 눈물이 주르르 계속 흐르는 거야. 깜짝 놀랐지. 그동안 좋은 건 당연하고, 아닌 건 빨리 벗어나고자 해결책을 찾는 데 급급해서 감사할 줄을 몰랐지. 앞으로는 내 안팎에서 일어나는 것들과 한마음이 되어 자꾸자꾸 화합해 나가는 삶을 살고자 해.

마음으로 읽는 글

멘트   우리가 살아가는 세상은 아무것도 고정된 것이 없기 때문에 괴로움도 오고 즐거움도 옵니다. 그래서 괴로움이 없기를 바라기보다 괴로움이 오고 안 오고와 상관없이, 흔들리지 않고 길을 걸어가는 지혜로운 사람이 되어야겠지요. 항상 자신에게 무한한 능력이 갖추어져 있음을 잊지 말고, 아름다운 꽃을 피워 내는 분들이 되시기 바랍니다.

참다운 내 한생각이 금이요 보배입니다

어느 날 한 분이 울면서 이렇게 물어 왔습니다. "지금 우리 아들이 나가서 며칠째 안 들어오고 있고, 공부도 안 합니다. 그래서 제가 아주 그냥 정신이 어지럽고 도저히 살 수가 없습니다." 고등학교 1학년 때부터 3학년이 다 되도록 꼴찌만 하고 있는데, 그것도 학교 가서 사정을 하고 해서 간신히 간신히 다니는데 아들은 그러면서 울고불고 그래요. 목이 메어서 말입니다. 아들은 그거 하나뿐이라고 그러면서 그래요.

그래서 이렇게 얘기해 주었어요. "욕을 하고 때리고 나가서 죽으라는 둥 이렇게 한다면 오히려 반항심이 생겨서 더 문제가 커집니다. 그렇게 마음으로 고장 난 것은 바로 마음으로 그 업보를 면하게 해 줘야 됩니다." 그러면서 자꾸 관하라고 그랬죠. 그것은 왜냐하면, 전력과 같은 겁니다. 그 아이한테도 자가발전소가 있고 나한테도 자가발전소가 있습니다. 그런데 발전소의 그 전력은 다 똑같습니다. 용도에 따라서 그 전력을 끌어 쓰는 데 달려 있는 거지 전력이라는 자체는 다 똑같습니다. 그렇기 때문에 엄마한테 '당신 주인공과 자식 주인공 뿌리가 둘이 아니니 그 뿌리만이 아이를 잘 이끌어 갈 수 있다.' 하는 그 믿음을 진실하게 가져 보시라고 그랬죠. 그러면 한 방에 전등을 세 개씩 달아 놓았다고 해서, 전력이 따로따로 있어서 들어오는 게 아니죠. 전력은 한 군데 있으면서 전구만 여러 개 있는 거죠. 그와 같이 "자식과 부모가 둘이 아닙니다. 전력이 둘이 아닌 까닭에 전구만 여러 개가 있는 거와 같으니까 진짜로 믿고, 전력은 둘이 아니니까 그 전구를 이끌어 가는 것도 둘이 아닙니다. 그러니 그렇게 자꾸 관하십시오." 이랬습니다.

그러더니 하루는 아주 심기가 좋아서 왔어요. 그래서 "어쩐 일이오? 또 울 일이 생겼습니까?" 그러니까, "아닙니다. 아들이 그렇게 착해졌을 수가 없습니다. 글쎄 어느 날 하루는 안 들어와서 그냥 아주 속이 상해서 불같이 일어나는 거를 참고 관 하고 있으면서 장독을 닦는데 부시시 들어오더니 '엄마, 화나셨죠? 무거운데 제가 좀 들어 드릴까요?' 하면서 그걸 같이 닦아서 장독대에 놓더니 그날서부터 공부를 열심히 하면서 착해졌습니다." 이러는 겁니다. 아마 여기도 경험한 분들이 많이 있 으시리라고 믿습니다.

그러니까 여러분이 자기를 업신여기면 안 됩니다. 바로 제 뿌리를 믿으라는 겁 니다. 싹은 반드시 제 뿌리를 믿어야만이 제 뿌리에서 바로 싹을 이끌어 가는 것입 니다. 뿌리가 이끌어 가기 때문에 그 싹에는 꽃이 피고, 꽃이 지면 열매가 맺고 열 매가 맺으면 제 나무에서 무르익은 열매는 하나에 만 가지 맛이 난다고 그랬습니 다. 그렇게 이 우주 전체, 세상 전체가 같이 뿌리에서 모든 보이지 않는 마음들이 같이 돌아가기 때문에 싹도 같이 돌아가게 돼 있습니다. 마음이 한마음이라면 뭐 는 이루지 못하겠습니까?

감사합니다

교육과정을 마무리하고 수료식을 진행한다.

행복한 학부모를 위한 마음공부 – 7차시
학부모프로젝트

실천 나누기

1. A4로 내 마음을 비우면서, 가족과 마음으로 소통하기
2. 자녀에게 마음 내는 방법 알려 주고 함께하기
3. 화합과 소통의 마음을 담아 가족을 위해 무엇이든 하기
   (예: 식사 준비할 때, 감사와 사랑의 마음 담아 준비하기)

내 안의 꽃을 피워요

6주간의 실천을 돌아보면서,
학부모의 길을 가는 자신에게
편지를 써 보세요.

잊지 말아요

1. 내 앞에 닥치는 상황을
   나를 진화시키는 기회로 봅니다.

2. 항상 자신의 내면에 먼저 물어봅니다.

3. 자녀와 함께 마음으로 풀어 갑니다.

마음으로 읽는 글

- 참다운 내 한생각이 금이요,
보배입니다.

감사합니다

- 수료식

저자 소개

■ **한마음과학원(Hanmaum Science Institute)**

한마음과학원은 물질계와 정신계가 조화롭게 발전함으로써 모든 생명이 공존하고 공생하는 원리를 연구하고 그 성과물을 공유하기 위하여 1996년 12월 비영리 연구교육기관으로 설립되었다. 인문분과, 사회분과, 자연분과, 공학분과, 의학분과, 교육분과 등 총 여섯 개 분과에 100여 명의 전문가가 회원으로 활동하고 있다. 현대인에게 맞는 수행프로그램과 각종 사회교육 프로그램 등의 교육사업을 추진해 오고 있으며, 한마음원리 연구, 물질·정보·에너지 연구그룹, 생명과 의학연구그룹, 지구·환경·공생 연구그룹 등을 중심으로 정신계의 발전을 위한 다양한 연구프로젝트를 추진하고 있다.

〈총괄기획〉

혜찬(Hyechan) 스님, 김용환(Kim, Yonghwan) 기획실장

〈학부모프로젝트 개발팀〉

문정숙(Moon, Jeongsuk), 이은희(Lee, Eunhee), 이지현(Lee, Jihyun)
장미자(Chang, Mija), 한정선(Han, Jungsun), 최임화(Choi, Imhwa)

학부모프로젝트
행복한 학부모를 위한 마음공부
- 진행자용 매뉴얼 -

2016년 1월 20일 1판 1쇄 인쇄
2016년 1월 25일 1판 1쇄 발행

편   찬 • 대한불교조계종 포교원 포교연구실
지은이 • (재)한마음선원 한마음과학원
펴낸이 • 김진환
펴낸곳 • (주)**학지사**

04031 서울특별시 마포구 양화로 15길 20 마인드월드빌딩
대표전화 • 02)330-5114   팩스 • 02)324-2345
등록번호 • 제313-2006-000265호

홈페이지 • http://www.hakjisa.co.kr
페이스북 • https://www.facebook.com/hakjisa

ISBN 978-89-997-0871-8 94370
      978-89-997-0870-1   (set)

정가 16,000원

저자와의 협약으로 인지는 생략합니다.
파본은 구입처에서 교환해 드립니다.

이 책을 무단으로 전재하거나 복제할 경우 저작권법에 따라 처벌을 받게 됩니다.

인터넷 학술논문 원문 서비스 **뉴논문** www.newnonmun.com

이 도서의 국립중앙도서관 출판시도서목록(CIP)은 서지정보유통지원
시스템 홈페이지(http://seoji.nl.go.kr)와 국가자료공동목록시스템
(http://www. nl.go.kr/kolisnet)에서 이용하실 수 있습니다.
(CIP 제어번호: CIP2015035171)